高等院校美术·设计专业系列教材

ADVERTISING IDEAS

广告创意

林钰源　帅　斌　总主编
张南岭　项德娟　主　编
刘美霞　胡明华　副主编

SPM 南方传媒　岭南美术出版社
中国·广州

图书在版编目（CIP）数据

广告创意 / 林钰源，帅斌总主编；张南岭，项德娟主编；刘美霞，胡明华副主编. -- 广州：岭南美术出版社，2024. 8. --（大匠：高等院校美术·设计专业系列教材）. -- ISBN 978-7-5362-8057-1

I. F713.80

中国国家版本馆CIP数据核字第2024QY7926号

出 版 人：刘子如
策　　划：刘向上　李国正
责任编辑：王效云　郭海燕
责任技编：谢　芸
责任校对：王　悦
特约编辑：邱艳艳
装帧设计：黄明珊　罗　靖　黄金梅
　　　　　邹　晴　朱林森　黄乙航
　　　　　盖煜坤　徐效羽　郭恩琪
　　　　　石梓洳
　　　　　友间文化

广告创意
GUANGGAO CHUANGYI

出版、总发行：岭南美术出版社（网址：www.lnysw.net）
（广州市天河区海安路19号14楼 邮编：510627）
经　　销：全国新华书店
印　　刷：东莞市翔盈印务有限公司
版　　次：2024年8月第1版
印　　次：2024年8月第1次印刷
开　　本：889 mm×1194 mm　1/16
印　　张：8.75
字　　数：207千字
印　　数：1—2000册
ISBN 978-7-5362-8057-1

定　　价：60.00元

《大匠——高等院校美术·设计专业系列教材》

序一 致敬工匠

能否“造物”，无疑是人与其他动物之间最大的区别。人能“造物”而别的动物不能“造物”。目前我们看到的人类留下的所有文化遗产几乎都是人类的“造物”结果。“造物”从远古到现代都离不开“工匠”。“工匠”正是这些“造物”的主人。“造物”拉开了人与其他动物的距离。人在“造物”之时，需要思考“造物”所要满足的需求和满足需求的具体可行性方案，这就是人类的设计活动。在“造物”的过程中，为了能够更好地体现工匠的“匠意”，往往要求工匠心中有解决问题的巧思——“意匠”。这个过程需要精准找到解决问题的点子和具体可行的加工工艺方法，以及娴熟驾驭具体加工工艺的高超技艺，才能达成解决问题、满足需求的目标。这个过程需要选择合适的材料，需要根据材料进行构思，需要根据构思进行必要的加工。古代工匠早就懂得因需选材，因材造意，因意施艺。优秀工匠在解决问题的时候往往匠心独运，表现出高超技艺，从而获得人们的敬仰。

在这里，我们要向造物者——“工匠”致敬！

一、编写“大匠”系列教材的初衷

2017年11月，我来到广州商学院艺术设计学院。我发现当前很多应用型高等院校设计专业所用教材要么沿用原来高职高专的教材，要么直接把学术型本科教材拿来凑合着用。这与应用型高等院校对教材的要求不相适应。因此，我萌发了编写一套应用型高等院校设计专业教材的想法。很快，这个想法得到各个兄弟院校的积极响应，也得到岭南美术出版社的大力支持，从而拉开了编写《大匠——高等院校美术·设计专业系列教材》（以下简称“大匠”系列教材）的序幕。

对中国而言，发展职业教育是一项国策。随着改革开放进一步深化和中国制造业的迅猛发展，中国制造的产品已经遍布世界各国。同时，中国的高等教育发展迅猛，但中国的职业教育却相对滞后。近年来，中国才开始重视职业教育。2014年李克强总理提出：“发展现代职业教育，是转方式、调结构的战略举措。由于中国职业教育发展不够充分，中国制造、中国装备质量还存在许多缺陷，与发达国家的高中端产品相比，仍有不小差距。‘中国制造’的差距主要是职业人才的差距。要解决这个问题，就必须发展中国的职业教育。”

艺术设计专业本来就是应用型专业。应用型艺术设计专业无疑属于职业教育，是中国高等职业教育的重要组成部分。

艺术设计一旦与制造业紧密结合，就可以提升一个国家的软实力。“中国制造”要向“中国智造”转变，需要中国设计。让“美”融入产品并成为产品的附加值，需要艺术设计。在未来的中国品牌之路上，需要大量优秀的中国艺术设计师的参与。为了满足人民群众对美好生活的向往，需要设计师的加盟。

设计可以提升我们国家的软实力，可以实现“美是一种生产力”，有助于满足人民群众对美好生活的向往。在中国的乡村振兴中，我们看到设计发挥了应有的作用。在中国的旧改工程中，我们同样看到设计发挥了化腐朽为神奇的效用。

没有好的中国设计，就不可能有好的中国品牌。好的国货、国潮都需要好的中国设计。中国设计和中国品牌都来自中国设计师之手。培养中国自己的优秀设计人才无疑是我们的当务之急。中国现代高等教育艺术设计人才的培养，需要全社会的共同努力。这也正是我们编写这套“大匠”系列教材的初衷。

二、冠以“大匠”，致敬“工匠精神”

这是一套应用型的美术·设计专业系列教材，之所以给这套教材冠以“大匠”之名，是因为我们高等院校艺术设计专业就是培养应用型艺术设计人才的。用传统语言表达，就是培养“工匠”。但我们不能满足于培养一般的“工匠”，我们希望培养“能工巧匠”，更希望培养出“大匠”，甚至企盼培养出能影响一个时代和引领设计潮流的“百年巨匠”，这才是中国艺术设计教育的使命和担当。

“匠”字，许慎《说文解字》称：“从匚，从斤。斤，所以做器也。”匚指筐，把斧头放在筐里，就是木匠。后陶工也称“匠”，直至百工皆以“匠”称。“匠”的身份，原指工人、工奴，甚至奴隶，后指有专门技术的人，再到后来指在某一方面造诣高深的专家。由于工匠一般都从实践中走来，身怀一技之长，能根据实际情况，巧妙地解决问题，而且一丝不苟，从而受到后人的推崇和敬仰。鲁班，就是这样的人。不难看出，传统意义上的“匠”，是指具有解决问题的巧妙构思和精湛技艺的专门人才。

“工匠”，不仅仅是一个工种，或是一种身份，更是一种精神，也就是人们常说的“工匠精神”。“工匠精神”在我看来，就是面对具体问题能根据丰富的生活经验积累进行具体分析的实事求是的科学态度，是解决具体问题的巧妙构思所体现出来的智慧，是掌握一手高超技艺和对技艺的精益求精的自我要求。因此，不怕面对任何难题，不怕想破脑壳，不怕磨破手皮，一心追求做到极致，而且无怨无悔——工匠身上这种“工匠精神”，是工匠获得人们敬佩的原因之所在。

《韩非子》载：“刻削之道，鼻莫如大，目莫如小，鼻大可小，小不可大也。目小可大，大不可小也。”借木雕匠人的木雕实践，喻做事要留有余地，透露出“工匠精神”中也隐含着智慧。

民谚“三个臭皮匠，赛过一个诸葛亮”，也在提醒着人们在解决问题的过程中集体智慧的重要性。不难看出，“工匠精神”也包含了解决问题的智慧。

无论是“垩鼻运斤”还是“游刃有余”，都是古人对能工巧匠随心所欲的精湛技术的惊叹和褒扬。

一个民族，不可以没有优秀的艺术设计者。

人在适应自然的过程中，为了使生活变得更加舒适、惬意，是需要设计的。今天，在我们的生活中，设计已无处不在。

未来中国设计的水平如何，关键取决于今天中国的设计教育，它决定了中国未来的设计人员队伍的整体素质和水平。这也是我们编写这套“大匠”系列教材的动力。

三、“大匠”系列教材的基本情况和特色

“大匠”系列教材，明确定位为“培养新时代应用型高等艺术设计专业人才”的教材。

教材编写既着眼于时代社会发展对设计的要求，紧跟当前人才市场对设计人才的需求，也根据生源情况量身定制。教材对课程的覆盖面广，拉开了与传统学术型本科教材的距离；在突出时代性的同时，注重应用性和实战性，力求做到深入浅出，简单易学，让学生可以边看边学，边学边用；尽量朝着看完就学会，学完就能用的方向努力。“大匠”系列教材，填补了目前应用型高等艺术设计专业教材的阙如。

教材根据目前各应用型高等院校设计专业人才培养计划的课程设置来编写，基本覆盖了艺术设计专业的所有课程，包括基础课、专业必修课、专业选修课、理论课、实践课、专业主干课、专题课等。

每本教材都力求篇幅短小精悍，直接以案例教学来阐述设计规律。这样既可以讲清楚设计的规律，做到深入浅出，易学易懂，也方便学生举一反三，在大大压缩了教材篇幅的同时，也突出了教材的实践性。

另外，教材具有鲜明的时代性。教材重视课程思政，把为国育才、为党育人、立德树人放在首位，明确提出培养为人民的美好生活而设计的新时代设计人才的目标。

设计当随时代。新时代、新设计呼唤推出新教材，“大匠”系列教材正是追求适应新时代要求而编写。教材重视学生现代设计素质的提升，重视处理素质培养和设计专业技能的关系，重视培养学生协同工作和人际沟通能力；致力于培养学生具备东方审美眼光和国际化设计视野，培养学生对未来新生活形态有一定的预见能力；同时，使学生能快速掌握和运用更新换代的数字化工具。

因此，教材力求处理好学术性与实用性的关系，处理好传承优秀设计传统和时代发展需要的创新关系，既关注时代设计前沿活动，又涉猎传统设计经典案例。

在主编选择方面，我们发挥各参编院校的优势和特色，发挥各自所长，力求每位主编都是所负责方面的专家。同时，该套教材首次引入企业人员参与编写。

四、鸣谢

感谢岭南美术出版社领导们对这套教材的大力支持！感谢各个参加编写教材的兄弟院校！感谢各位编委和主编！感谢对教材进行逐字逐句细心审阅的编辑们！感谢黄明珊老师设计团队为教材的形象，包括封面和版式进行了精心设计！正是你们的参与和支持，才使得这套教材能以现在的面貌出现在大家面前。谢谢！

林钰源

华南师范大学美术学院首任院长、教授、博士生导师

2022年2月20日

序二 『大匠』本位，设计初心

对于每一位从事设计艺术教育的人士而言，“大国工匠”这个词都不会陌生，这是设计工作者毕生的追求与向往，也是我们编写这套教材的初心与夙愿。

所谓“大匠”，必有“匠心”。但是在我们的追求中，“匠心”有两层内涵。其一是从设计艺术的专业角度看，要具备造物的精心、恒心，以及致力于物质文化探索中推陈出新的决心。其二是从设计艺术教育的本位看，要秉承耐心、仁心，以及面对孜孜不倦的学子时那永不言弃的师心。唯有“匠心”所至，方能开出硕果。

作为一门交叉学科，设计艺术既有着自然科学的严谨规范，又有着人文社会科学的风雅内涵。然而，与其他学科相比，设计艺术最显著的特征是高度的实用性，这也赋予了设计艺术教育高度职业化的特点，小到平面海报、宣传册页，大到室内陈设与建筑构造，无不体现着设计师匠心独运的哲思与努力。而要将这些“造物”的知识和技能完整地传授给学生，就必须首先设计出一套可供反复验证并具有高度指导性的体系标准，而系列化的教材显然是这套标准最凝练的载体。

对于设计艺术而言，系列教材的存在意义在于以一种标准化的方式将各个领域的设计知识进行系统性的归纳、整理与总结，并通过多门课程的有序组合，使其真正成为解决理论认知、指导技能实践、提高综合素养的有效手段。因此，表面上看，它以理论文本为载体，实际上却是以设计的实践和产出为目的，古人常言“见微知著”，设计知识和技能的传授同样如此。为了完成一套高水平应用性教材的编撰工作，我们必须从每一门课程开始逐一梳理，具体问题具体分析，如此才能以点带面、汇聚成体。然而，与一般的通识性教材不同，设计类教材的编撰必须紧扣具体的设计目标，回归设计的本源，并就每一个知识点的应用性和逻辑性进行阐述。即使在讲述综合性的设计原理时，也应该以具体实践项目为案例，而这一点，也是我们在深圳职业技术大学近30年的设计教育实践中所奉行的一贯原则。

例如在阐述设计的透视问题时，不能只将视野停留在对透视原理的文字性解释上，而是要旁征博引，对透视产生的历史、来源和趋势进行较为全面的阐述，而后再辅以建筑、产品、平面设计领域中的具体问题来详加说明，这样学生就不会只在教材中学到单一枯燥的理论知识，而是能通过恰当的案例和具有拓展性的解释进一步认识到知识的应用场景。如果此时导入适宜的习题，将会使他们得到进一步的技能训练，并有可能启发他们举一反三，联想到自己在未来职业生涯中可能面对的种种专业问题。我们坚持这样的编写方式，是因为我们在学校的实际教学中，正是以“项目化”为引领去开展每一个环节及任务点的具体设计的。无论是课程思政建设还是金课建设，均是如此。而这种教学方式的形成完全是基于对设计教育职业化及其科学发展规律的高度尊重。

提到发展规律问题，就不能绕过设计艺术学科的细分问题，随着今天设计艺术教育的日趋成熟，设计正表现出越来越细的专业分类，未来必定还会呈现出进一步的细分。因此，我希望我们这套教材的编写也能够遵循这种客观规律，紧跟行业动态发展趋势，并根据市场的人才需求开发出越来越多对应的新型课程，编写更多有效、完备、新颖的配套教材，以帮助学生在日趋激烈的就业环境中展现自身的价值，帮助他们无缝对接各种类型的优质企业。

职业教育有着非常具体的人才培养定位，所有的课程、专业设置都应该与市场需求相衔接。这些年来，我们一直在围绕这个核心而努力。由于深圳职业技术大学位处深圳，而深圳作为设计之都，有着较为完备的设计产业及较为广泛的人才需求，因此我们学院始终坚持着将设计教育办到城市产业增长点上的宗旨，努力实现人才培养与城市发展的高度匹配。当然，做到这种程度非常不容易，无论是课程的开发，还是某门课程的教材编写，都不是一蹴而就的。但是我相信通过任课教师的深耕细作，随着这套教材的不断更新、拓展及应用，我们一定会有所收获。为师者若要以“大匠”为目标，必然要经过长年累月的教学积累与潜心投入。

历史已经充分证明了设计教育对国家综合实力的促进作用，设计对今天的世界而言是一种不可替代的生产力。作为世界第一的制造业大国，我国的设计产业正在以前所未有的速度向前迈进，国家自主设计、研发的手机、汽车、高铁等早已声名在外，它们反映了我国在科技创新方面日益增强的国际竞争力。这些标志性设计不仅为我国的经济建设做出了重要贡献，还不断地输出着中国文化、中国内涵，令全世界可以通过实实在在的物质载体认识中国、了解中国。但是，我们也应该看到，为了保持这种积极的创造活力，实现具有可持续性的设计产业发展，最终实现从“中国制造”向 “中国智造”的转型升级，使“中国设计”屹立于世界设计之林，就必须依托高水平设计人才源源不断的培养和输送。这份光荣且具有挑战性的使命，作为一线教师，我们义不容辞。

“大匠”是我们这套教材的立身之本，为人民服务是我们永不忘怀的设计初心。我们正是带着这种信念，投入每一册教材的精心编写之中。欢迎来自各个领域的设计专家、教育工作者批评指正，并由衷希望与大家共同成长，为中国设计教育的未来做出更多贡献！

帅　斌

深圳职业技术大学教授、艺术设计学院院长

2024年5月12日

前言

广告创意对现代社会、经济、文化的影响越来越深，自近代广告设计成为独立的学科以来，对其理论上的探索一直没有停过。随着广告设计专业和广告设计教育的广泛拓展和应用，广告创意设计的理论指导作用显得愈发重要。从设计美学涉及的研究范围来看，它囊括了艺术、技术、文化、心理乃至哲学等各个方面，它既是一个多学科、广交叉的综合研究领域，又是古老而又年轻的学科；它既包含了精神层面的理论探索，又带有具体设计原则的经验总结。

编写理念

本教材根据高职高专类院校广告创意课程的教学要求，结合该课程在当下人才培养过程中所具有的使用广泛、实用性强的特点，力求体现设计专业的现代性和前瞻性，培养学生关于设计审美的基本素养。

本教材针对设计艺术学、美术学的基础课程、专业基础课程和专业方向课程，深入浅出地分析、介绍国内外先进的设计艺术基本原理、构成要素、表现形式与类型，强化学生的设计思维，增强学生的设计意识，使其在艺术设计实践中能很快形成新颖独特的设计理念。

通过对广告创意导论、广告创意客体要素、广告创意主体分析、广告创意的表达、广告创意流程、平面广告的创意表现、影视广告的创意表现等内容的系统学习，学生能全面解构广告的创意与表现，提高专业应用能力。

教材结构

本教材分为7个模块，每个模块都以广告创意在设计工作中的实际应用为任务导入，教材具体内容除广告创意的基础知识外，还包含国内外大量的创意案例，案例中既有大师经典创意作品，也有高校学生广告创意的实践训练作品。学生通过追摹大师风范，借鉴与自己年龄层次相同的学生的优秀案例，开阔审美眼界，提升创意素养，最后配以综合实训任务锻炼学生的实际设计能力。“广告创意”课程教学总时数建议为48学时，其中讲授学时为24学时，实操学时为24学时。课程学时安排参考下表。

广告创意课程学时安排表

序号	模块名称	总学时	讲授学时	实操学时	备注
1	广告创意导论	4	2	2	任课教师可根据教学实际情况安排
2	广告创意客体要素	8	4	4	
3	广告创意主体分析	8	4	4	
4	广告创意的表达	8	4	4	
5	广告创意流程	4	2	2	
6	平面广告的创意表现	8	4	4	
7	影视广告的创意表现	8	4	4	
合计		48	24	24	

编写团队

本教材是集体智慧的结晶，由来自广东高职院校的知名教授与骨干教师联合编写，由广东建设职业技术学院张南岭、广州幼儿师范高等专科学校项德娟担任主编，负责书稿的编写并全面统筹编写及审核修改工作；由广东白云学院刘美霞、广州大学华软软件学院胡明华担任副主编，具体负责书稿编写、资源库建设等工作。

综上所述，本教材由专业领域专家、一线教师、技术人员共同编写，适用于高职高专类院校广告创意课程，旨在使学生“理论扎实、实操熟练、素养提升”。课程内容尽可能对接全国各级赛事，以赛促学，以赛敦教。同时，以企业实际专业技能为导向，紧扣就业岗位对人才职业素养的需求，能够切实促进学生的全面发展。

张南岭

2024年3月8日

目 录

1

第一章

广告创意导论

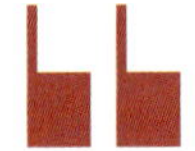

苟日新，日日新，又日新。

——《礼记·大学》

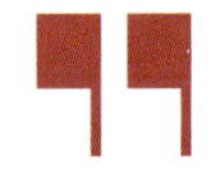

【学习目标】

知识目标

1. 理解广告创意的本质、概念和特性。
2. 明白广告创意的地位与作用。
3. 了解广告创意理念的发展历程。

技能目标

1. 能够解读广告创意，分析广告作品。
2. 熟悉广告创意的类型并进行应用表现。
3. 能够提高广告实训、实战设计能力。

素质目标

1. 提升广告策略。
2. 形成创意思维。
3. 培养艺术素养。

【情景导入】

如果广告具有生命与灵魂，那说的就是创意。广告大师奥格威十分重视“点子”，他认为广告没有好的“点子”，就没办法吸引消费者的注意力，从而无法实现产品销售。奥格威口中的“点子”，即是广告中的创意。这一点已经得到业界的一致认同。那么，什么是广告创意？广告创意有哪些类型？它在广告活动中的地位与作用如何？本章将逐一加以论述。

第一节 创意与广告创意

一、创意的由来

“创意”一词使用非常广泛，具有巧妙、想法独特、新意等含义，但是，对于“创意”的概念，至今没有确切结论。

“创意”其实属于外来词，英文中“idea”与“create”都具有创意的意思。具体包括思想、信念、观念、概念、构思、想法、主意、打算或者计划等意思。詹姆斯·韦伯·扬于1960年出版了*A Technique for Producing Ideas*，中文译为《创意的生成》，故广告界“创意”一词得以风行。这样一来，广告人员在广告活动中进行的具有创造意义的思维活动，以及在广告主题、广告内容、广告表现形式层面进行的一系列主观构思活动，都可以被称为“创意”。因此创意的根本要求体现在新颖、创造、震撼、非常规等一系列语汇上。（图1-1）

图1-1 智威汤逊的广告海报作品《耐克自由奔跑之路》，2006年获D&AD Awards奖（由英国伦敦设计师与艺术总监协会举办，无明确中文名），创意画面与耐克品牌所提倡的自由和个人表达的精神相呼应，每一幅都以独特的艺术手法探索了跑步给人带来的独立、自由和动力。

二、广告创意的内涵

有关广告创意的含义，以及如何提取更好的广告创意，在不同时期、不同专业实践中，理解不尽相同。基于企业文化建设与发展需要，现代广告创意不再只对某一商品或品牌表达诉求，而更侧重于企业整体形象塑造，因此，广告创意从策划到传递的过程其实是将整个企业文化借助传播媒介进一步规范化、视觉化、个性化和系统化的过程，从而创造出最佳的市场发展环境。也就是说，优秀的广告创意应该与企业文化、企业整体形象形成一个整体。（图1-2）

随着传播媒介的高科技化程度越来越高，商业信息多样化的形势日趋加剧。20世纪80年代后期，整合营销传播理念逐渐形成，并在全球范围内掀起一股“整合营销热”。（图1-3）

应该说除了以上观点外，在广告业的不同发展阶段，还存在许多影响深远的观念。比如李奥·贝纳强调广告创意要找出商品中“与生俱来的戏剧性”，然后运用可信的、高品位的方式艺术性地将其展现，通过与以前无关的事物建立起一种全新的、有意味的关联，这种陌生化的创意尤其能够彰显商品特点，并带给人强烈的新鲜感。（图1-4）

随着社会生活和广告业的不断发展，人们对广告创意的理解也处于变化当中，对广告创意的内涵只能做一个开放性的大致界定，即广告创意是广告人以刺激消费者心理为基础，通过营销手段传达商业信息，与此同时配合适当的传播方式，开展的一系列系统化、创造性的活动。

图1-2

图1-2
中国华润有限公司企业形象广告　广告传达了华润对社会每个人的贡献都给予肯定和尊重的品牌理念，体现了企业对社会的正面态度和责任感。

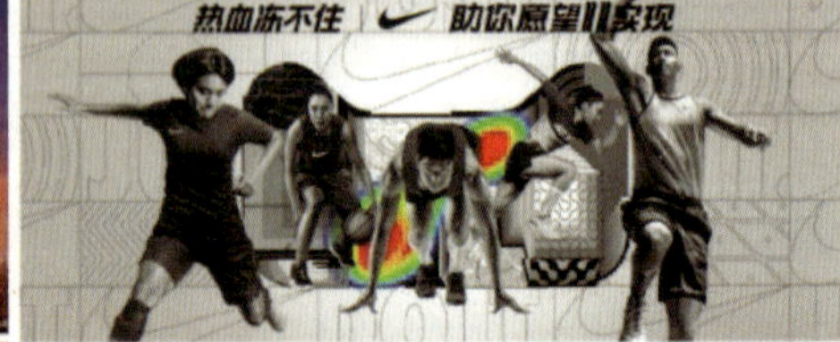

图1-3

图1-3
“天猫双11全球狂欢节”　每年我国国内较大的营销活动之一。从2017年的“祝你双11快乐”，到2019年的“助你愿望11实现”，每次都是以一个精心策划的中心主题为出发点，通过一系列的营销策略进行广泛而深入的宣传。

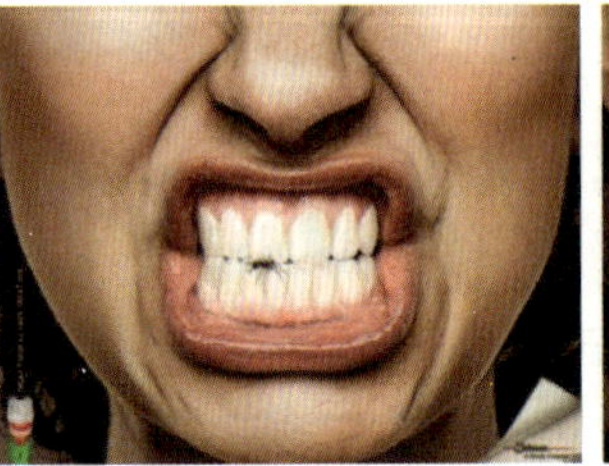
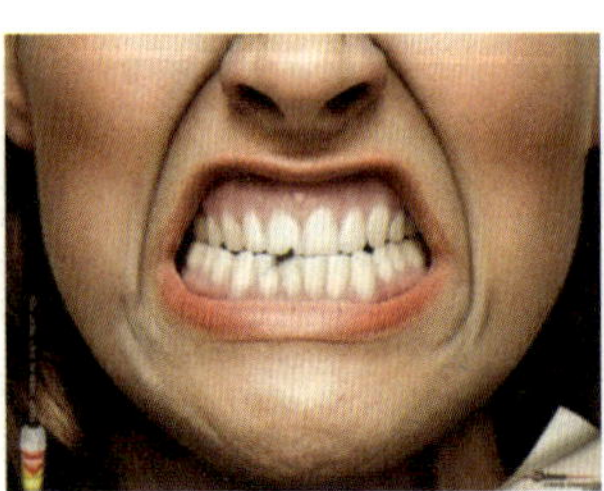
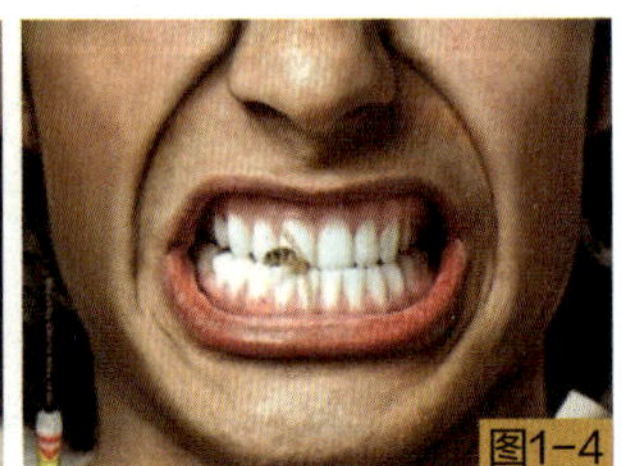
图1-4

图1-4
德国拜耳（Bayger）杀虫剂广告　“像他们对待你一样对待他们”。咬牙切齿的广告画面，给人以强烈的视觉感官冲击。

三、广告创意的特性

广告创意既是一种具有艺术性的创造行为，也是一种商业性的市场行为，功利主义色彩非常强烈。所以从某种层面上讲，广告创意面临的约束和限制更多，主要表现在以下几个方面。

（一）创造性

广告创意的本质就是去找到被忽略的观察角度，引导消费者重新审视特定事物，并且逐渐形成新的理解和认识，最终接受并且喜爱新的传播方式或者观点。从这个意义上讲，一切优秀的广告创意都能给人提供一个新观念、新理论和新设想。（图1-5）

（二）利益性

奥格威认为：没有销售的广告不是好广告。作为有偿的传播手段，广告为广告主的产品或服务“叫卖”，要使这种叫卖获得实效，就要让消费者从中看到利益，广告创意就是让消费者从广告中认识到“产品价值”。广告就是承诺给广大的受众以利益，并在兑现承诺的过程中实现广告主的利益追求。（图1-6）

图1-5 健身房广告 如果三个月忽略了健身，接下来的后果，嗯，相信你心里有数……无论怎样，那些赘肉是藏也藏不住的，即便借助人体艺术也无法掩饰。整个场景洋溢着一种讽刺的幽默感，在不经意间触动了人们的笑点。

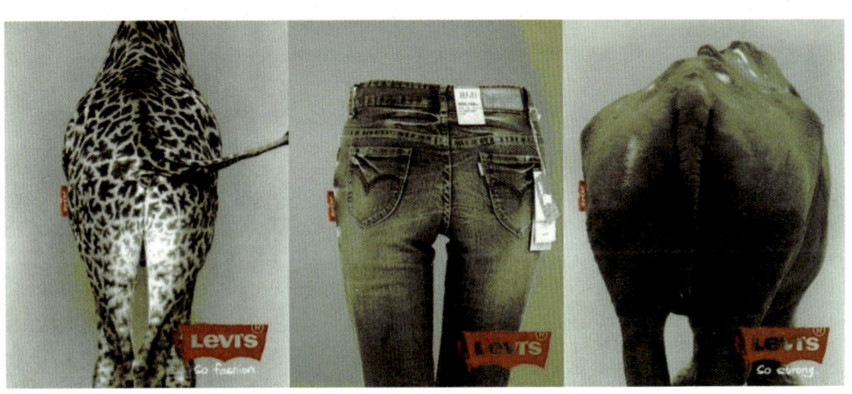

图1-6 Levi's美臀牛仔裤广告 巧妙地将长颈鹿的优雅、大象的力量以及美女的魅力并置在同一视角，此广告巧妙地展现了Levi's牛仔裤在造型、吸引力和耐用性上的独特优势。每一个轮廓都是对Levi's牛仔裤时尚造型的赞美，彰显出穿着者的个性及其对优质生活品位的追求。

（三）关联性

要吸引消费者注意，广告创意就需要具有广泛性的关联，关联要素应是多方面的，如商品信息、企业期望、公众行为、目标对象、生活形态等都属于这个范围。没有这种广泛的关联性，创意也就失去了意义。此外，广告信息在传播过程中能否引发受众心理共鸣非常关键，只有受众感同身受，方能形成震撼心灵的力量，从而破除广告信息在公众中的漠视，生成强劲且持久的感染力。（图1-7）

图1-7　美国保险公司的户外广告"意外"　即使是悬挂着的油漆桶也可能莫名其妙地颠覆常态，引发意外。保险为潜在的不确定性提供了一份保障，让您可以安心面对生活的种种意外。

（四）通俗性

广告以传递信息为目的，一则广告产生效果的前提是消费者能够理解它，明白广告在传递什么，才能产生购买意愿，以达到信息传递的有效性，尤其要避免曲高和寡。（图1-8）

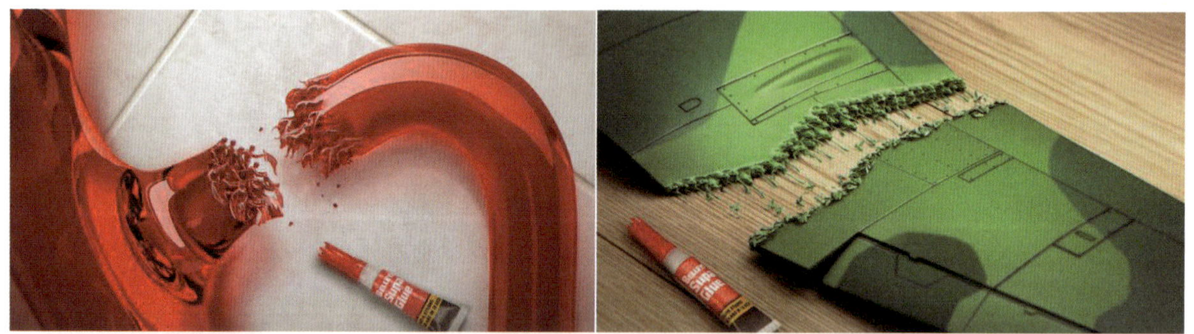

图1-8　Selleys胶水广告　这广告做得真妙，黏性强得不得了，就跟斗牛士牵着牛鼻子、青蛙逮小虫一样，怎么也甩不掉。

（五）艺术性

运用艺术手段表达产品属性正是广告创意的魅力所在。直白的信息灌输无法引起消费者的兴趣，只有艺术感染力浓厚的创意作品，才会给消费者带来强烈的情感冲击。

（六）复合性

人类的情感需求是多样与变化的，作品唯有承载多样的信息模式，以其灵活多变的呈现方式顺应大众心理状态，才能更容易与受众产生情感碰撞，从而引发共鸣。

广告效果包括经济效益、传播效果、心理效果和社会效益。根据不同的广告目的，其重要性也有所区别。比如，为了挽回产品销量下滑的颓势，短期的经济效果就成为评判广告创意优劣的重要指标；而试图改变人们对产品的态度，则首先要看广告创意能否引起消费者的情感认同，继而产生心理效果。

创意是“广告的灵魂”，也是现代广告的命脉，贯穿于整个广告活动中，具有十分重要的地位。理想的创意能确保广告信息的有效传播，促成实际的消费行为；也能彰显广告策划的艺术魅力，给消费者留下深刻印象，获得公众喜爱，最终以时间短、成本低、产出快、产出多、产出长久的形式实现经济效益的增长，提高广告促销的经济效益。

四、思考与练习

（1）广告创意具有哪些本质特征？

（2）你如何理解广告创意的地位和作用？试举例说明。

第二节　广告创意的类型

为求得广告的良好效果，要不断求新、逐异、突破、超越乃至解构、颠覆，其切入路径和表现手法丰富多样。本节依据创意风格和表现方式，将广告创意分为写实的广告创意和写意的广告创意两大类。

一、写实的广告创意

写实的广告创意以写实手法对现实生活予以再现。该类广告创意在具体操作时既可以做正面表现，即在广告中强调购买某一品牌、使用某种产品或接受某种服务消费者能获得的实际利益及其原因；也可做反面表现，即在广告中提醒消费者如果不做出正确选择将会面临何等的尴尬、遭遇以及怎样的麻烦。

写实的广告创意常见的表现类型有以下三种：

（一）直陈型

这是最常用的广告创意类型。这种类型的创意诉求主要通过直接陈述、引用数据、利用图表等方式，强调广告产品或服务某一方面的优势特征。据其不同的侧重点，又可分为以下三种类型：

1. 强调产品属性优势

此类广告趋向于高的告知性，广告人认为这些属性或特征本身就足以吸引消费者注意，令其产生好感并促使购买决策的生成。通常技术性产品、名牌产品或者一些新产品，常常采用这种直截了当、一目了然的创意方式。（图1-9）

2. 强调产品价格优势

在竞争激烈的市场中，价格战往往是战略的首位。经济萧条期，价格会成为广告的主要内容，零售商招揽顾客的每日特价以及大卖场中的POP（卖点广告，即point of purchase Ad的缩写），也多在价格上做足文章，可见价格作为常规的促销手段，似乎屡建奇功。即使是肯德基、麦当劳的电视广告也常见

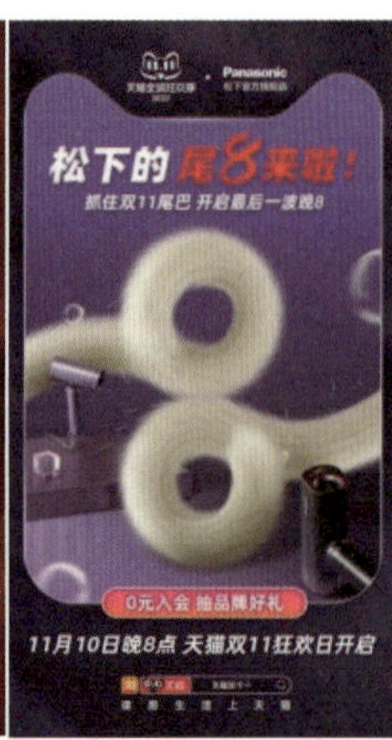

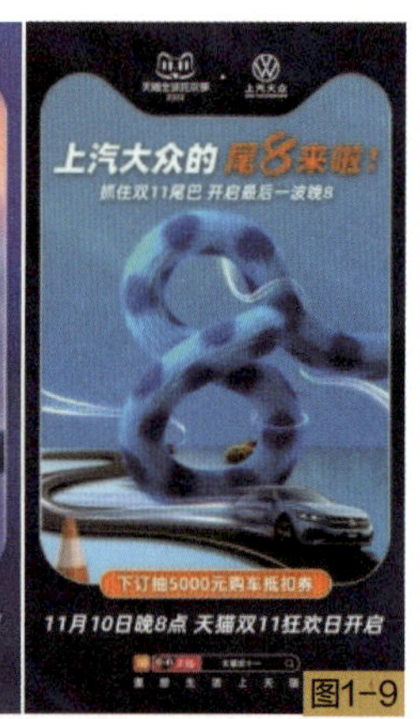

图1-9

"双11"狂欢日最后一波"尾8"活动广告　天猫选择可爱、灵动的"尾巴"做画面的主视觉形象，与各品牌的主打场景融合，形成一系列的营销广告，吸引消费者。

图1-10

第十四届全国大学生广告艺术大赛获平面类娃哈哈企业奖二等奖作品　广告以梦幻般的工厂作为主体，强调产品的天然成分和手工制作的质感，吸引消费者的注意力。

"××套餐现在仅需××元"的宣传手法。使用该类型的广告创意，关键在于体现广告产品的性价比，产品低价却不能低质。（图1-10）

3. 强调产品普及性优势

这种类型的创意，要点是通过展示产品、品牌的普遍认同与广泛使用，使其优良品质或高性价比不言自明，从而劝诱潜在的消费者进行消费。2011年，平安电话车险的电台广告标语是："葛优在用，我也在用，四百万人都在用。"借助名人效应和产品普及优势，更加强化了消费者的归属感和消费信心。

（二）证言型

证言型具体可以分为两类：名人证言与非名人证言。

1. 名人证言

借助特定领域权威专家、名家学者、著名演员等来证明产品的特点、功能，以此产生权威效力。

2. 非名人证言

选择普通人证言虽然难以迅速取得轰动效应，但在亲和力、可信度以及制作成本等方面具有名人证言所不能及的优势。当看到一位宣称自己每天忙到连睡觉的时间都挤不出来的著名演员在电视广告中向消费者推荐自己最喜欢的食用油或洗衣粉时，观众难免会产生怀疑。相反，若由一位和蔼可亲、干净利落的普通女性推荐给消费者，至少难以引发质疑，（图1-11）因此，"雕牌"一贯坚持只用普通人的广告创意策略，同样收到了良好的广告效果。

（三）比较型

该类型创意的出发点是充分展现优势，一般直接或间接地将广告商品与另一些品牌的商品进行优劣对比，进而显现自己品牌在一个或多个方面的优势。

（1）泛比。雪铁龙汽车公司就非常喜欢使用这种方式展现自己的产品君临天下、傲视群雄的气魄。

（2）贬比。百事可乐的一则广告，通过售卖机前消费者光顾频率的痕迹对比强调自己产品的受欢迎程度。

（3）弱比。这种比较，不再是针锋相对、生死相拼的挑战，而是一种借势，把自己同强势品牌联合起来，也就实现了借对手的名气提升自己的口碑和声望，塑造品牌和企业形象的目的。弱比运用的是逆向心理策略，因为崇拜强者和同情弱者是人类普遍存在的两种情感，所以自居次席很容易博得消费者的注意、同情和支持。（图1-12）

图1-11　钉钉品牌广告　以打工人的视角，传达“一亿人用钉钉畅快工作”“用钉钉，更安全”的观念。

图1-12　魅族手机广告　以轻盈的机身为卖点，海报展示了一个被咬过一口的苹果在秤上的样子，似乎是在巧妙暗示：只有咬过一口的苹果才能与魅族16T手机的轻盈相提并论，间接地戏谑了某些竞争对手的产品重量。

图1-11

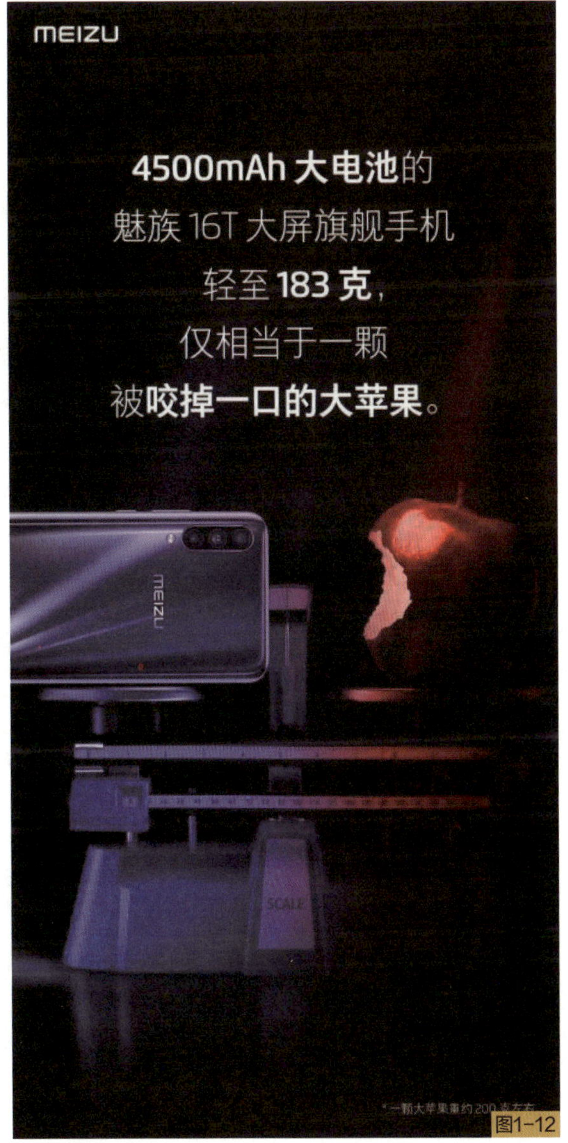

图1-12

二、写意的广告创意

写意的广告创意往往借力于小说创作，编辑具有浪漫主义情调的情节，展现如梦似幻、纯真幸福的美好生活；运用诗歌创作手法，通过心理暗示，营造印象主义色彩浓厚的诗画意境，激发人们充满艺术美感的情绪体验。写意的广告创意关键在于准确激发、充分调动消费者的情感体验，这些情感体验包括对亲情、友情、爱情的向往与追求，对世界、他者与自身存在关系的善意理解和深刻体悟。这些既有独特个性又具有人类共性的高贵品质，都可以渲染为产品抑或品牌的某种固有属性或专业追求，由此可轻松俘获消费者，在引发情感共鸣的同时，使产品或品牌得到消费者信赖。

在具体操作时，这类创意不落俗套、贵在新奇。但前提是能合情合理地将产品融入情境，使人为之吸引、产生好奇，进而生发出美好的联想和想象。

一般来说，写意的广告创意包括以下两种表现类型：

（一）故事情节型

借助讲故事的方式向公众传递产品信息，形象地演示产品，能给人带来的独特利益和满足。这种类型的广告创意往往要设置背景、设计人物性格，产品贯穿于一个相对完整且曲折跌宕的故事情节中，从而彰显产品具有某种化平凡为神奇的独特魅力，能够帮助人们解决生活中遇到的麻烦和困扰。根据故事真实程度和情节复杂程度，该类型又可细分为生活片段和戏剧化呈现两种表现方式。（图1-13）

（二）转换型

转换型广告创意表现形式可融入任何一种表现形式当中，因其特点主要表现为独特的思维方式。这类广告不再着重展现产品或品牌的客观属性，而是借助消费者在消费本产品或同类产品时的经历、记忆，通过真实可感的情境设定，唤起消费者关于消费本产品或品牌的正面、积极的印象和体验等主观感

图1-13 沃尔玛《生活省美观》全新平面广告“美在小小生活里”系列 生活不需要奢侈浪费或过度繁复，它只需我们用心经营。因为那些微不足道的瞬间，常常包含着我们生活中最宝贵的幸福和美好。

受，以达到强化消费预期、刺激消费欲望的广告目的。比如让受众形成强烈而执着的观念——如果自己使用了该产品，生活将会变得更温暖、更幸福、更愉快、更美好等。在具体操作中，这种形式与我国传统文学中的比兴手法有很多相似之处，“以彼物比此物”或者“先言他物以引起所咏之辞”，借助特定的想象和联想，使主观情感获得丰富、充分的客观化呈现，以增强广告的渲染效果。（图1-14）

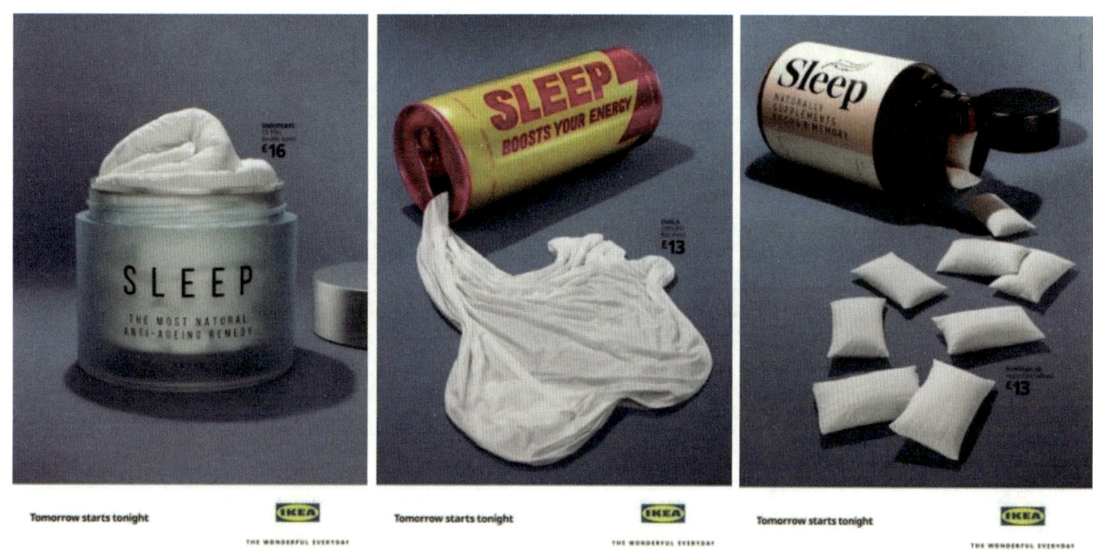

图1-14　宜家家具广告“Tomorrow starts tonight”（“明日始于今日”）　不是用阳光定义你的一天，而是用你前一晚的深度休息。一天的好开始，源于一夜的好睡眠。这就是广告想传达的——让每个夜晚都成为充电时刻，为你的每一个清晨注入无限活力，从而使你的生活更美好。

三、思考与练习

（1）你如何理解广告创意？

（2）广告创意有哪些类型？试举例说明。

（3）分析广告创意的效果和影响力有哪些。

表1-1　学习评价

评价内容	评价标准	评价结果（是/否）	分值	得分
学习认知	了解广告创意的基本概念和特性		10	
	了解广告创意的类型		15	
	了解广告创意的地位和作用		15	
效果评测	可评测广告的心理效果或接触效果		10	
	可评测广告的销售效果		10	
	可评测广告的社会效果		10	
实践应用	可推动企业形象的策划与创新		10	
	可推动产品形象的提升与包装		10	
	可推动品牌形象的优化与传播		10	
合计				

注：评价结果“是”为满分，评价结果“否”为0分，总分值为100分。

综合实训

实训名称：广告创意的整合与策略优化。

实训目的：能针对国内外企业的广告作品进行广告创意的类别梳理与比较，总结出典型案例，进行分析和优化。

实训步骤：不限于欧美或东南亚等国（5个）与中国本土知名企业（5个）现有静态或动态广告案例，进行线上线下联动的市场调研，从中发现现有中外企业广告创意的优缺点，并对其进行有针对性的整合分析与创意构思的策略设计和优化。

实训要求：A4纸大小，图表形式不限。（见表1-2）

表1-2　评分标准

评价内容	评价标准	评价结果（是/否）	分值	得分
主题	国际广告背景信息传达准确，挖掘项目要求、主题以及诉求		15	
	选取的广告有代表性，内容必须是健康、文明、具有时代气息的		15	
创意	广告构思有洞察力、独创性		15	
	紧扣主题的前提下对企业色彩、风格和设计表现有具体指标量化和价值标准		15	
	策略优化导向具有时代性、商业性、艺术性、沟通性		20	
技术	能熟练利用所学软件收集信息并给出案例分析		20	
合计				

注：评价结果“是”为满分，评价结果“否”为0分，总分值为100分。

2

第二章
广告创意客体要素

处处是创造之地，天天是创造之时，
人人是创造之人。

——陶行知

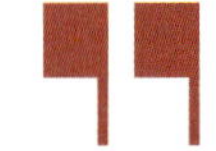

【学习目标】

知识目标

1. 理解产品分析对广告创意的价值和意义。
2. 了解企业形象广告创意的基本原则。
3. 认识广告环境对广告创意的影响。

技能目标

1. 能够利用消费者心理形成有效的广告创意。
2. 能够熟悉品牌形象广告创意的常规思路。
3. 能够提升广告要素设计整合与应用能力。

素质目标

1. 提升广告策略。
2. 形成创意思维。
3. 培养艺术素养。

【情景导入】

有人说广告创意的产生似乎是偶然所得且没有规律可循，其实不然。从传播学角度来审视创意的产生，虽然更多是自我信息二次分解和传播选择的结果，但是我们也应该看到，广告创意绝不是凭空而来的无本之木、无源之水。好的创意往往是建立在“个体”自我极其丰富的社会阅历基础之上的，如果脑袋空空，基本无法产生优秀的创意。

本章我们将深入以上问题，探讨广告创意的要素，包括产品分析、企业形象、品牌形象、消费者心理、广告环境等方面。

第一节　广告创意对象

广告创意的最初动力在于塑造品牌形象、推广产品服务和宣传企业文化。因此，创意之初对创意对象的全面剖析和深刻解读，是广告创意得以实现的至关重要的阶段，也是其能够根植于广告的生命土壤和根基所在。

一、产品

（一）产品的概念

产品作为商业概念，一般可以分为三个层次（或者三种类型），即核心产品、形式产品、延伸产品。其中核心产品是最根本、最主要的部分，体现为产品的性能、价格、质量等。形式产品涉及产品特征、造型、商标、包装等，包含其他辅助产品或服务，即与使用本产品相关的软硬件产品及其配套程度，也应归入形式产品的范畴。延伸产品是指完整产品能够提供给消费者的全部附加服务和利益，如企业承诺、免费运送、安装调试、售后维护，甚至是购买过程中员工所呈现的形象素质、微笑服务等，这些都会成为影响消费者进行消费行为或决策的重要参考因素。上述产品的三个层次，共同决定了消费者对产品的最终印象、感知和判断。（表2-1）

表2-1　产品层次的关键特点和包含元素

产品层次	定义	包含元素
核心产品	消费者购买产品所能获得的直接利益和基础效用	产品的性能、价格、质量等
形式产品	产品实体外形、附属服务或附属产品	产品的特征、造型、商标、包装，以及相关的软硬件产品及其配套程度
延伸产品	完整产品能够提供给消费者的全部附加服务和利益	企业承诺、免费运送、安装调试、售后维护、员工形象素质、微笑服务等

（二）分析产品获得有效创意

1. 分析产品类别

根据产品的不同特征和标准，产品可划分为多种类别，常见的产品类别包括以下几种：

根据产品形态，可分为有形产品和无形服务。针对有形产品，广告主要采用多种方式直接或间接介绍、宣传、展示产品的某项特性或特点，利用理性和感性的情理结合，引导消费者产生购买行为。有时广告也需要结合线上与线下的机制联动，通过多种促销形式，以简洁醒目或具煽动性的卖点，形成创意追求。针对无形服务，广告则更加侧重于表现其品牌历史、文化内涵、服务理念以及过程中感受等内容，这类广告往往制作精良，以更为深入地触动消费者的欲望和情绪。

根据产品耐用性，可分为耐用品和非耐用品。针对耐用品，广告需要借助较为权威的媒介以传递信息，揭示其本质特效，甚至可能采用点对点式的信息交流，这类广告创意往往偏重于理性诉求，全方位地凸显产品特点和竞争优势。针对非耐用品，广告则适合采用感性诉求，通过大量广告创意策略形成强烈的视听感受，以吸引消费者，对消费者记忆进行刺激和反复强化，以促成其高频消费行为。（图2-1、图2-2）

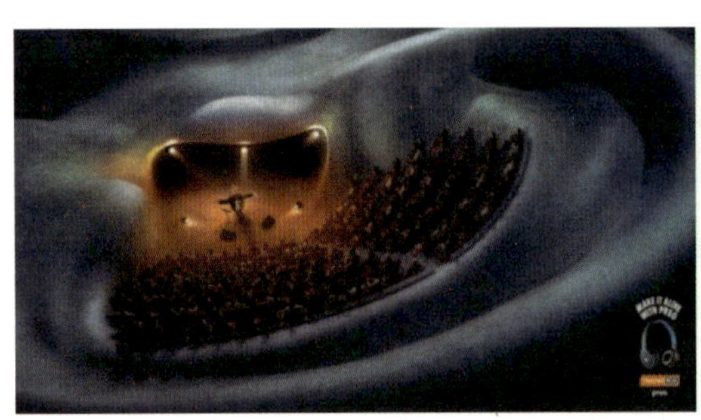

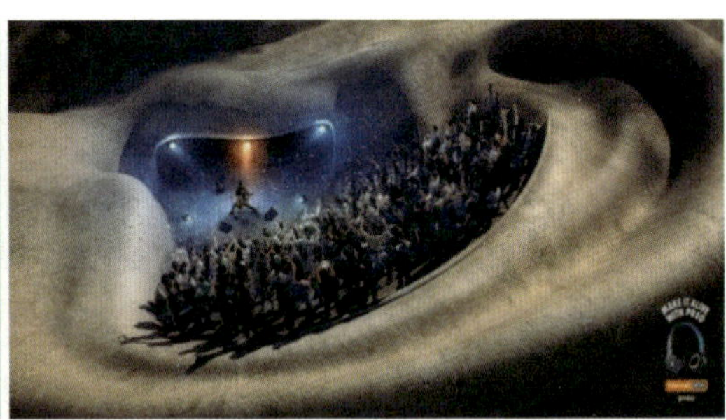

图2-1　耳机广告　举行耳机里的音乐会——这样的耳机产品，谁能不心动，谁不想立即拥有呢?

图2-2　天猫CNY营销广告《天猫年货节，陪你过龙年》　这则广告巧妙地避免赘述产品的价格和功能，而是聚焦于礼品背后的社交意义，呈现了人们在节日里忧虑、怀念和寻求慰藉的复杂情感。通过这种方式，它抓住了消费者的心理，不仅是销售一个产品，还销售了情感联结和社会互动的体验。

根据产品用途，可分为多用途产品和单一用途产品。针对多用途产品，广告可以展示产品在不同场合能满足不同人的不同需求。针对单一用途产品，广告则可以培养消费习惯，增加消费者使用频次或者一次消费使用量。

根据消费习惯和购买方式，可分为常购品、选购品。常购品多为日用品和急用品，也包括消费者因冲动购买的物品，此类消费多凭习惯或便利，消费者对产品几乎不做过多了解和比较。由此可见，塑造良好的品牌形象，以及在售卖现场简洁的、引导消费的广告是该类产品常规的广告手段。选购品是指在购买过程中消费者会对其某些特点（比如样式设计、原料、产地、生产流程和工艺、价格、质量、使用方法及包装等）进行有针对性比较的产品。

2. 分析产品生命周期

产品生命周期包括四个阶段：导入期、增长期、成熟期和衰退期。其中导入期也称“引入期”，成熟期也称“饱和期”。产品生命周期的阶段不同，营销策略也应有所不同，广告创意则应以其为指南。只有做出准确判断，才能获得预期效果。

3. 分析产品销售

创意人此时应站在消费者的立场上，重新审视有关产品的一切信息，比如生产原料、款式设计、工艺流程、品牌、包装、价格、质量、用途、销售地点、购买方式以及竞争产品等要素，进而认真分析消费者不选择购买本产品的主要原因，是品牌认知问题还是市场竞争，抑或是消费观念。找到影响销售的关键问题之后，有效的创意思路也许就浮现出来了。

二、企业理念

企业理念就是企业的价值信念，这种价值信念需要企业经过长期发展与经营才能逐渐形成。企业理念的识别体系具有激发活力、推动生产经营、构建团队精神、约束行为规范等作用。总体来说，企业理念包括组织制度和精神文化两个层次。其中，组织制度涉及企业原则、规范、模式等问题，因此具有强制性和约束性等特点；精神文化则是企业理念的深层结构，涉及企业理想、价值观、信念、团队心理、道德标准等内容，具有延续性、继承性、稳定性等特征，可看作企业理念的核心内容。两者相比较，组织制度可因时因地做出调整，变化较快；而精神文化一旦形成，则不会轻易发生改变，因此，它代表了企业理念最基本的精神内涵。

从广告的角度来看，企业理念广告主要包括品牌形象广告、企业形象广告两大类型。

（一）品牌形象广告

品牌是介于产品与企业之间的概念，它既包含产品特点和承诺，也包含着企业形象的渗透，因此，品牌形象广告创意必须以对产品和企业形象的全面分析与深入了解为基础，并且品牌形象的延伸和推广也应该与企业形象时刻保持高度一致。只有如此，品牌广告才能包含承诺、体现价值、展示文化、凸显个性、产生信赖，实现品牌形象广告特定的广告目的。

1. 品牌形象广告创意的感性诉求

通过感性诉求，突出品牌历史、讲述品牌故事。品牌故事娓娓道来，既吸引了受众注意，又全面介绍了产品的多种特点，更关键的是受众在不知不觉中记住了这个品牌的名字以及广告所传递的产品相关信息，而且没有排斥感。

2. 品牌形象广告创意的理性诉求

在提出感性诉求的同时，强化品牌感觉、宣传品牌理念。品牌广告更多的还是围绕着企业的品牌主张展开，通过提炼企业理念主题，设置符合主题的情境，植入品牌或产品信息，突出强调该品牌给消费者带来的特殊感染力，达到品牌推广的商业目的。（图2-3）

图2-3　立白品牌形象广告　立白以关注中国贫困地区留守儿童心理健康为核心宣传品牌理念，实现品牌广告的宣传目的。

（二）企业形象广告

让消费者形成对企业精神和文化内涵的追求，是企业与消费者建立良好沟通机制的重要手段。企业形象广告往往是以向社会公众展示自身实力、传递良好的团队精神、展示独特的价值观念、彰显企业对社会的责任感和使命感为主要诉求，通过与受众进行交流，以获取公众信任感和信赖度为主要目的的广告形式。

1. 企业形象广告分类

（1）按照诉求内容分类，主要包括企业使命、企业性质、经营哲学、价值观念、企业道德、团队意识、企业文化等。

图2-4 宝马X5广告 广告展现的是汽车在道路上疾速奔驰的景象，同时还聚焦于驾驶者满含自豪与信心的神情。这样的广告往往会吸引那些自信满满、富有力量、喜欢寻求刺激体验和表达个性的男性顾客。

（2）按精神气质分类，主要包括硬汉型（图2-4）、享受型（图2-5）、攻坚型、过程型等。

图2-5 澳大利亚汽车空调Panasonic（松下）平面广告设计 享受新鲜的空气。

（3）企业公益广告不以盈利为目标。通常情况下，政府相关部门和社会团体组织是公益广告的制作主体，但为了向社会公众展示企业理念，向消费者阐明企业的社会功能和责任，越来越多的组织、企业乃至广告公司，开始热衷于制作公益广告，从而开辟了一条更好地帮助企业与社会公众开展有效、深层沟通的全新渠道，并借此塑造和提升企业形象。（图2-6）

图2-6 王老吉企业公益广告 2019年夏季，王老吉以行动表达了对那些在高温天气中辛勤工作的人们的深切关怀。这既是对在烈日下辛苦付出的劳动者的一份保护，也是对新时代工人的劳动精神以及中华人民共和国成立70周年辉煌成就的一份敬意。

2. 企业形象广告创意应该注意的问题

（1）企业形象广告创意需要以充分细致、全面深入的市场调研为基础，这是所有广告活动顺利进行的关键一环。

（2）精练主题，将企业价值理念有机融入创意之中。企业形象广告的主题既能体现产品品牌特征，又能彰显企业价值观、愿景以及理念和文化。同时，它还需要用一句既浅显易懂又让人耳目一新的广告标语来加以统领、概括。此种高标准、严要求，既是对创意人整体素养和专业水准的检测，更是对其信任程度的探查。

（3）统一规划，分阶段进行。任何一则广告都是对企业形象、品牌形象的宣传和塑造，所以目前讲求实效的企业最常用的是在产品广告中突出企业标识，这就以最小的投入获得了无形中对企业形象循序渐进式的积累，同样可以获得较好的传播效果。即便是实力雄厚的大企业，制作投放形象广告时也应该统一规划，因为在漫长的信息传播过程中，单一的诉求内容和缺乏变化的表现方式，都会形成接收障碍，令受众熟视无睹甚至因为重复而引发排斥、反感，这绝对不是企业所期盼的结果。

三、思考与练习

（1）怎样进行产品分析？

（2）产品分析对广告创意具有哪些价值和意义？

第二节　广告创意受众

企业营销的目的是生产和满足目标消费群体的需求，广告传播的目的则是将关乎满足需求的企业、品牌和产品（服务）信息顺利传递给目标消费群体，实现有效沟通。因此，不管是从营销层面还是从传播层面来看，在全面细致了解了企业、品牌和产品信息之后，广告人还不能确定最终的创意方向，“向谁说”“说什么”“怎么说”是广告人接下来必须认真思考的问题，而这一系列问题的解答离不开对广告创意受众的洞察和分析。

一、受众与目标受众

在大众传播阶段，从宣传角度出发流行的“魔弹论”“强效果论”等学说，强调信息传递者的中心地位，而把受众看作被动的信息接收者。直到20世纪60年代，随着社会发展和传播学研究的逐步深入，“受众中心论”出现，说明受众并非被动、消极的代名词，他们也主动接收自身需要的信息。

目标受众也被称为“目标顾客”。目标受众的选定，在宏观上决定着企业营销战略；中观上影响着营销组合的选择和运用；微观上又为广告创意提供方向，成为广告诉求、制作表现以及媒体选择的重要依据。但在具体操作时，创意者有必要进一步搞清楚本次广告活动所针对的目标受众与企业营销所针对的目标受众，以及产品实际使用者之间的重叠度。

二、受众类型和特征及目标受众的确定

（一）受众类型和特征

根据受众人口统计特征（如年龄、性别、婚姻状况、家庭规模、收入水平、职业、受教育程度、民族、宗教信仰等），可以把广告受众细分为不同的类型。比如居住在一线城市、具备本科以上学历、已婚无子女、月收入在×元以上、年龄为25～30岁的女性受众群体等。此外，受众阶层、生活方式、对特定产品的购买频率都可以作为划分受众的依据。

同时，因消费主体构成不同，在任何市场中都存在着两种类型的广告受众：个体购买者和组织机构购买者。日常消费类产品多以前者为诉求对象，而且可以根据受众所在的地域特征（如城市或农村、城市规模、地域文化等）、人口统计特征、消费心理与生活方式特征（如社会阶层、生活方式、价值观念、个性等）以及消费行为特征（购买动机、购买频率、数量、品牌忠诚度）等变量，对个体购买者做出更加精准、深入的分析了解。

广告人必须揣摩好受众心理，或投其所好，或制造惊喜。而且，还应对广告的传播效果，企业和广告人时时测评，根据反馈信息对下一阶段的营销策略和广告策略做出必要的改变和调整。

（二）目标受众的确定

受众是谁？受众在哪？

他们如何获得日常信息？

能够影响他们的代言人（或名人）是谁？

就广告所要传递的信息而言，受众现有的观念、知识、需求、倾向以及行为如何？

何种因素在阻止他们选择广告产品？

怎样才能激发他们选择所倡导的行为？

搞清楚这一系列问题，可以使广告创意获得一个较高的起点。

三、受众的心理特征

因为广告主要是通过作用于受众心理进而影响受众行为，所以了解受众心理特征，进一步掌握受众心理活动过程和一般规律，可以更好地指导广告创意。

（一）受众个性心理特征

受众个性心理因人而异，受到个体性格、能力、气质、需求、动机、情绪等影响。

1. 性格

性格体现了个体对世界、他者及自身的态度以及对三者之间关系的认知，表现在人的行为举止中。性格一般分为六种类型，即现实型、探索型、艺术型、社会型、管理型和常规型。通过观察、交谈和调查分析等手段，掌握受众的性格特征，正确判断不同性格对消费观念、购买方式、购买决策和媒体接触习惯等方面的影响，能指引广告人做出正确选择。

2. 能力

能力是指人达成某个目标所具备的主观条件，它对活动效率有直接影响。了解人的能力可以使广告创意有的放矢，使信息的传递和接受配合默契。

3. 需求

根据“马斯洛需求层次理论”，个体需求按照层次高低分为五个层次，即生理需求、安全需求、社交需求、尊重需求和自我实现需求。虽然有人说人类需求的产生并没有严格的层级关系，而且有的需求，特别是高层次需求是需要通过培养、学习方可获得的，但对广告创意而言，“马斯洛需求层次理论”仍然具有重要的指导价值。怎样发现、诱导受众需求，并促使其转化为实际行动，也一直是广告人最关心的话题。

4. 动机

洞悉受众的心理动机，对广告创意来说同样具有指导意义，比如某些产品利用人们趋利避害的心理，合理使用恐惧诉求，能强化消费动机；高档产品可以利用人们的期待动机或持续激励人们的成功动机，使消费行为变成一种身份的确认和象征，从而激发购买欲望等。（图2-7）

图2-7　360 N6 PRO系列广告《SHUSH！嘘，让世界安静下来》　广告的核心创意：即使身处嘈杂的世界，我们也能为你创造一片宁静之岛。以此激发消费者的购买动机。

（二）受众社会心理特征

了解和把握受众的社会心理特征，对广告创意有着深远的影响。

1. 模仿

模仿是社会学习的重要形式之一。模仿能使个体适应社会环境，融入群体，获得安全感和归属感，因此，模仿还具有促进群体形成的作用。

2. 感染

感染主要通过情绪与行为实现。情绪感染是把人群情感予以统一，使所有参与者的态度、信念和价值都基本保持一致。比如在传统节日投放相关产品广告，渲染气氛，送上美好的节日祝福，往往会收到较好的传播效果。当公众注意力集中在某一特定事物或话题上时，比如北京申奥、“神舟”飞船成功发射等，利用热议话题或流行语展示广告创意，多数情况下能使受众接受情绪暗示，轻易被感染，有力提高广告信息传播和接受水平。行为感染是指在人群中以行为方式由此及彼、推而广之地传播。在广告活动中，行为感染大多需要广告传播与促销活动有机结合，进行整合营销传播，通过广告诱导和消费体

图2-8　宝洁品牌（母亲节）广告　一个普通的家庭中，母亲担负的日常家务依然是最多的，而广告的策略就是要打破这个常态，它鼓励家庭中的另一半——通常是爸爸们——挺身而出，共担家务责任。广告带来的不仅仅是产品宣传，更是对平等分担家务的一次有力呼吁。

图2-9　瑞幸咖啡广告"瑞幸夏日冰咖"系列　"YYDS"这个流行语已经成为年青一代的情感共鸣。他们一瞥即可联想到一连串赞美之词——"丝丝顺滑，醇香浓郁，甘甜浓香，甘滑可口……"这些词无须印刷于海报之上，因为它们已在观众心中根深蒂固。海报巧妙地省略了"最"字，却依然传达出产品至上的品质感受。对那些懂得网络潮流的年轻人来说，这样的感受简直触手可及。

验，促成购买行为。（图2-8、图2-9）

四、广告创意与消费者洞察

在媒体泛化、信息泛滥的今天，消费者每天接触到的信息有成千上万条，对这些信息的过滤主要依据自己的知识、经验与个人需求。消费者洞察为广告创意提供了一条产品与消费者联结的途径，使得广告诉求更加精准。

（一）消费者洞察

深层次认识消费者就是"洞察"。例如有很多人喜欢红色的汽车，这只是一个表象而已，作为一个广告策划人，我们更应该注意挖掘他们喜欢红色汽车的真正理由和深层的原因。只有如此，才有可能发现新的市场机会、找到新的诉求点和传播战术，并有针对性地进行广告创意。它是制定广告创意策略，从而提高营销效果的重要一环。

（二）消费者洞察方法

1. 深度访谈法

深度访谈的工作流程：接受任务—制定方案—预约被访者（或访谈对象确定）—正式访问—整理访问材料—访问后续工作。

2. 焦点小组法

焦点小组法是通过会议形式针对调查对象进行访谈。这一方法通常需要主持人引导，通过听取目标对象的谈论获取对相关问题的深入了解。

3. 投射技术法

投射技术法的核心是通过特殊手段投射出目标受众潜藏的特定动机、态度、信仰、情感等状态。

（三）消费者心理洞察与广告创意

洞察受众心理的目的是指导广告创意。

1. 吸引注意，增强记忆

想吸引受众的注意，关键在于信息的高强度刺激。因为刺激强度越高，就越能引起受众注意。广告刺激主要源自视觉和听觉。视觉刺激主要包括色彩、明暗、对比等；听觉刺激包括音高、响度和音色等。同时，刺激强度还与信息呈现方式相关联。因此，在广告创意中借助各种手段强化信息刺激程度，是吸引注意力的常规方式，它要求广告诉求内容必须语出惊人，表现方式则要标新立异。

2. 引导需求，诱发购买

它是广告创意的根本目的。为达成此目的，可以充分利用受众心理，创造时尚、流行趋势。受众对企业、产品的看法以及态度和情绪反应，具有受社会感染、顺从群体反应的倾向。通常情况下，如果有意识、有目的地控制和施加有效的、积极的影响，受众心理是可以被制造出来的，这就为广告创意奠定了良好的心理基础。比如，在广告中营造理想化的生活模式，推广符合时代主流的价值观念，就可以创造出某种时尚、流行的消费趋势。例如“统一”“鲜橙多”，抓住受众爱美更爱健康的心理特征，提出健康饮料的产品概念，努力倡导“哈C主义”的消费时尚。

五、思考与练习

（1）广告创意受众的类型有哪些？

（2）你怎么理解广告创意与消费者洞察的关系？

第三节 广告创意环境

广告创意是在各种条件制约下开展的，在对产品、品牌、企业以及消费者的情况有了基本了解之后，想要展示出优秀的广告创意，使广告传播收到良好的效果，还需要对广告环境做进一步了解和分析。

一、广告市场环境

（一）政治法律环境

政治法律环境虽然并不直接作用于广告创意，但它时刻存在，具有无形而巨大的力量，要求所有广告参与者必须服从管理、遵守法规，严格限定在法律许可范围内开展一切活动，否则必将受到惩罚。

（二）自然地理环境

地理位置、地形地貌特征、温度和湿度等气候条件，以及季节、节气等因素直接影响着人们的衣食住行和消费模式，甚至对社会经济发展和民族性格形成都会产生复杂的影响，因此广告创意需要考虑这些因素。

（三）科学技术环境

首先，新技术的应用深刻改变着人们的生活方式和消费习惯。在科学技术的大环境下，广告人必须与时俱进，研究科技发展给社会生活、企业经营所带来的变化，注重更新知识，提升自我。

其次，科技进步对广告行业的直接作用更为明显。整合营销传播所要求的多学科、多领域交叉借鉴促使新的广告观念层出不穷，带动了广告理论研究和教学的深入发展，反过来又指导着广告人的大胆探索与不断实践。

另外，随着电子技术和信息技术的普遍运用，高科技手段、新的广告媒介和广告材料被越来越多地运用于广告创意与制作中，使广告创意获得更加完美的艺术化呈现，大大提高了广告信息的传播效果。

（四）人口环境

人口环境是指人口的数量、结构和分布等情况，广告人进行广告创意时，应该了解以下内容：

1. 人口数量

国家或地区的人口规模与增长率。在广告创意实施过程中对人口现状应该有全面的了解。

2. 人口结构

不同年龄段的消费需求、收入水平和购买力都不尽相同，一般来说，年轻人居多的国家和地区，消费市场会良性发展；而老年人达到一定比例后，市场总体购买力会逐步衰退。

3. 人口分布

我国人口在数量和质量上目前都呈现出强势流动的趋势，城乡差距日趋缩小，中西部地区也逐渐显示出巨大的发展潜力，这必将激发许多新的市场需求和机会，也给广告业带来无限生机。

（五）经济环境

打造广告创意时之所以要进行经济环境分析，就是因为要寻找强烈的诉求点，因势利导，促使消费者产生实际的购买行为。另外，在对购买力进行分析时，还应该注意人口、社会文化环境、价值观念等因素的影响。比如城市中收入较高且较为稳定的年轻人追求全新的精致生活方式，在旅游、娱乐、保健等方面的消费支出不断增加，消费需求偏重于品位和格调，而且超前消费的观念渐趋主导。

（六）竞争环境

对企业经营而言，研究竞争环境是为了认识市场环境中的具体竞争状况及其强度，然后根据企业自身特色制定相应的竞争策略，知己知彼，避免针锋相对，但正面交锋不可避免时，需做到先发制人，确保竞争优势。

（七）文化环境

文化环境主要包括社会文化环境与地域文化环境。其中，社会文化环境涉及范围较广，具有不同的划分标准，如按照时间顺序及所涉及的领域，可分为政治文化环境、经济文化环境、军事文化环境、教育文化环境等。地域文化环境则主要分为本土文化环境和国际文化环境。

二、广告媒体环境

对广告媒体环境的分析是广告创意环境分析的重要构成部分，优秀的广告创意人员必须熟悉各类媒体的诸多特点。

（一）广告媒体的类别

根据广告媒体的受众范围和使用情况，可以大致将其分为大众媒体、小众媒体、新媒体三种主要类型。

（二）广告媒体的考察评估

广告创意和广告发布都离不开广告媒体的选择。因此，选择最适用的媒体进行最有效的组合，才能达成既定的广告传播效果，这就需要对广告媒体进行考察评估。具体可以针对媒介的质量、使用条件进行使用成本评估。

综上所述，通过广告媒体环境分析和各种媒体相互比较，最终选定最适合广告创意表现和广告目标实现的媒体，同样包含着巨大的创意，体现了广告人的专业水平和职业能力。

三、思考与练习

（1）广告市场环境包括哪些内容？

（2）如何考察评估广告媒体环境？

表2-2 学习评价

评价内容	评价标准	评价结果（是/否）	分值	得分
学习认知	了解产品对广告市场环境的导向价值		10	
	了解品牌形象对广告设计的思路		15	
	了解企业媒介选择的基本原则		15	

（续表）

评价内容	评价标准	评价结果（是/否）	分值	得分
效果评测	可评测广告媒体环境的心理评价		10	
	可评测广告媒体环境的市场评价		10	
	可评测广告媒体环境的社会评价		10	
实践应用	对竞争者与市场环境的影响		10	
	对消费者心理情感的影响		10	
	对企业及品牌形象的影响		10	
合计				

注：评价结果“是”为满分，评价结果“否”为0分，总分值为100分。

综合实训

实训名称：广告市场环境报告。

实训目的：能针对国内外广告市场环境进行不同维度的比较，总结出它们之间的异同，进行分析，得出总结，形成报告。

实训步骤：选取有相似背景的广告市场环境进行调研，从中发现不同广告环境对广告创意的不同影响，形成一篇图文并茂的报告，并做汇报。

实训要求：以PPT（幻灯片）形式，至少10页，有图表、文案。（见表2-3）

表2-3　评分标准

评价内容	评价标准	评价结果（是/否）	分值	得分
主题	国内外广告市场环境的背景信息传达准确，主题鲜明以及诉求清晰		15	
	选取的广告市场环境内容健康、文明、具有时代气息		15	
创意	广告环境评价有洞察力、独创性		15	
	对广告环境指标有具体量化和结构设计		15	
	策略优化导向具有时代性、商业性和可行性		20	
技术	能熟练利用所学软件收集信息并给出案例分析		20	
合计				

注：评价结果“是”为满分，评价结果“否”为0分，总分值为100分。

3

第三章

广告创意主体分析

艺术的真实非即历史上的真实。

——鲁迅

大凡新命之诞生，新运之创造，必经一番苦痛为之代价。

——李大钊

【学习目标】

知识目标

1. 掌握广告创意主体的构成、关系等基本知识。

2. 掌握创意人员必须具备的基本素养。

技能目标

1. 熟悉广告公司创意部门的人员架构与内部运作流程。

2. 掌握广告行业技能，进行未来职业规划。

素质目标

1. 具备广告创意人员的综合素养，有正确的世界观、人生观与价值观。

2. 关心时政与民事，善于从生活中洞察细节。养成热爱生活、关爱大众的良好思想品德，具有高度的社会责任感和职业道德。

3. 养成较高的审美素养及对广告作品的评判能力。

【情景导入】

"创意来源于生活"，生活反映了一个人的阅历。一名广告创意人员，要时刻留意生活中的细节和各种有趣的事情。优秀的广告往往透露着生活的智慧，能做好广告的人也一定是一个热爱生活并且注重生活细节的人，同时也是对生活始终保持热情与激情的人。广告创意人员从生活中司空见惯的情境中获得灵感，在人们熟悉的氛围中解读作品内涵，结合良好的图文安排或视觉影像，使人获得审美感受，并获取情感认同，从而确保广告信息有效传递。

第一节　制约广告创意主体的内部分析

一、广告创意主体由广告代理公司和广告主组成

广告代理公司即广告经营者，是指受委托提供广告设计、制作、代理服务的法人、其他经济组织或者个人。

广告主是指为推销商品或者提供服务，自行或者委托他人设计、制作、发布广告的法人、其他经济组织或者个人。它是市场经济及广告活动的重要参与者，它的主体资格与自身组织形态有密切关联。它可以是法人，也可以是自然人。（图3-1）

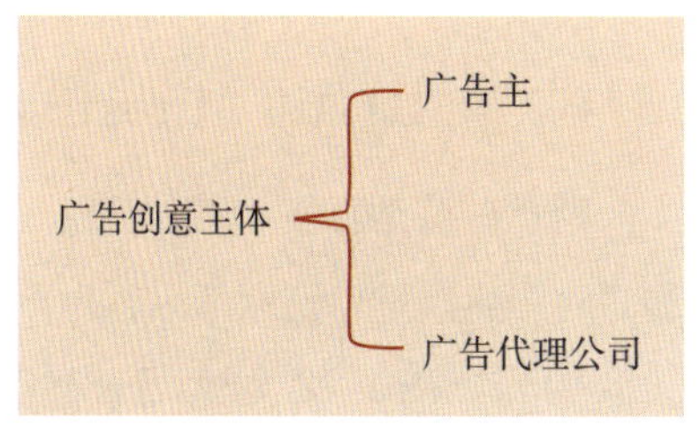

图3-1　广告创意主体的组成

二、广告主与广告代理公司的关系

关于广告主与广告公司的关系，中国广告界代表性人物叶茂中曾说："广告主是树，而广告公司则是藤，没有树的茁壮成长，就没有藤的攀缘向上。" 广告主与广告公司是一种服务与被服务的关系；二者相互需求、相互依赖。没有广告主的壮大，就没有广告公司的成长，而各行各业的壮大也离不开广告公司，再大的品牌都会通过广告维系与消费者的联系。广告主与广告公司是一种战略合作伙伴关系，在一定基础上是互相成就、利益共存；广告主应当充分信任广告公司，广告公司则发挥专业优势进行创意策划与服务。二者只有互相促进，互相扶持，才能使整个市场经济向一个积极的方向发展。

王老吉广告营销案例很好地诠释了二者的关系。2002年底，红罐王老吉营销负责人找到成美营销顾问有限公司（以下简称"成美"），原本想拍一条以赞助奥运会为主题的广告片，以期推动销售。成美通过对红罐王老吉的销售分析研究后认为，红罐王老吉首要解决的应是"品牌定位"这一根本问题，而不是拍一部"有创意"的广告片。随后，成美为红罐王老吉找到了其品牌定位——"预防上火的饮料"，结合广告标语"怕上火，喝王老吉"。之后，王老吉销售额大增，2003年红罐王老吉的销售额比上一年同期增长近4倍，并冲出广东。同样，对于成美来说，这个案例的成功，使其在业内名声大噪，逐渐成为国内领先的品牌战略咨询公司。所以，广告主应倾向于同广告公司保持更长期、稳定的合作关系，双方应秉承合作共赢的伙伴关系。

三、广告创意人员架构

广告公司，设有专门从事创意工作的创意部，负责创意设想、文案撰写、广告设计以及广告作品制作的监督。创意部一般包括创意和制作两部分人员。广告公司创意部机构人员通常的设置见图3-2。

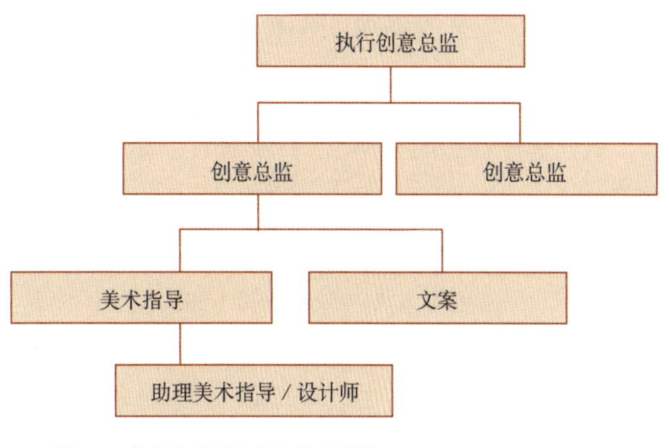

图3-2　广告公司创意部机构人员图

（一）执行创意总监（Executive Creative Director，简称ECD）

执行创意总监是广告公司创意工作的最高主管，也是创意部总负责人，直接把握创意的整体方向，是创意专业从业者的最高职位。主要负责决定客户的大策略方向，以及负责创意管理、把控创意品质、审批创意等工作。很多公司的执行创意总监做的是公关等行政工作，而不是技术工作，更多的是担任一个管理者的角色。

（二）创意总监（Creative Director，简称CD）

创意总监是直接“带兵打仗”的，主要是带领团队并指导重要品牌的创意构思及执行，保证并监督创意部的作品质量。创意部因客户不同会有不同类型的总监，每个总监服务1～3个客户，他的下级至少包含一名美术指导和一名文案。执行创意总监与创意总监是总司令和司令的关系，二者各司其职。

（三）美术指导（Art Director，简称AD）

美术指导简称“美指”，是创意部的主力军，其主要工作包括出创意、做执行、向创意总监汇报工作情况、管理设计进度质量，以及监督每个项目的第三方制作团队的执行等。

（四）文案（Copy Writer，简称CW）

文案是广告公司从事文字工作的职位，是美指的搭档，主要负责广告创意的文字部分。

（五）助理美指／设计师（Designer）

助理美指/设计师根据项目实际情况协助美指完成相应的工作安排，主要是手绘草稿或者电脑制图等常规工作。

第二节　影响广告创意主体的外部分析

一、广告创意人员的基本素养

（一）执着的敬业精神

敬业精神是一个人对事业持有的态度。缺乏敬业精神，势必产生懒惰、马虎、不负责任等现象。广告行业是信息传播行业，需要强烈的事业心和高度的社会责任感，但它并不像纯艺术的精神劳动，它的商业性要求广告人交际广泛；同时，实事求是、真实不欺、以诚待人、公平竞争是每个广告人应遵守的职业道德。广告创意人员大多是默默无闻的幕后工作者，所以广告人必须对职业存有热爱、对事业满腔热情、积极主动、吃苦耐劳，能把握商机，才能干出出色的成绩。

（二）开放的知识结构

广告设计具有很强的综合性。广告业是一个知识密集和迭代更新很快的行业，它需要从业者具有多元化的知识结构，即具有渊博的文化知识、深厚的广告专业知识、广泛的跨学科知识以及相关的前沿知识等。除了掌握必备的专业知识与技能，包括广告策划、广告媒体、广告表现、广告调查、广告文案、市场营销、摄影摄像、影视编辑等，广告设计人还要广泛涉猎跨学科知识，如哲学、社会学、营销学、心理学、文学、美学、消费者行为学、传播学等多方面知识和修养。总之，宽泛的知识是产生创意想象的土壤，随着广告创意内容与形式的重大变革，广告设计人要不断学习新知识、接受新信息来完善自己的知识储备，开拓视野，以适应新时代和市场的需求。（图3-3、图3-4）

图3-3

图3-4

图3-3
广告中的中华传统文化创意表现

图3-4
洁柔平面广告《纸巾中的艺术品》 结合西方经典名画进行创意表达。

（三）丰富的人生阅历

我们经常说“创意来源于生活”，生活反映了一个人的阅历。很多创意的基本组成就是我们身边普通的、熟悉的、美好的或不美好的生活场景，经过设计师重新进行创意的组合，给观众带来了不一样的感受。因此，好的创意往往需要建立一种事物之间新的组合关系，广告大师詹姆斯·韦伯·扬曾说过好的创意是“旧元素新组合”。这里说的“旧”并不是陈旧的“旧”，而是我们在生活中接触到的各式各样熟悉的事物，这些事物来自设计师渊博的知识结构和丰富的人生阅历。所以，广告往往透露着生活的智慧。作为一名广告创意人员，要时刻留意生活中的细节，要做一个直面生活且能保持热情与激情的人。（图3-5、图3-6）

图3-5 Mylanta胃药广告　画面表现的是有点无厘头的日常生活场景：由于消化不良、肠胃不好，结果不小心“泄气”，给自己带来了尴尬。

图3-6 BOSE降噪耳机广告　创意表现来源于生活中难以忍受的噪声，加上我们熟悉的信号，让观众感同身受。

（四）沟通能力、表达能力

广告是沟通的艺术，是信息沟通，更是情感沟通。沟通无处不在，与团队沟通、与客户沟通、与合作商沟通、与消费者沟通。而广告人更应是沟通大师，要精准地知道对谁说、说什么、怎么说才能打动消费者等。（图3-7）

表达能力包括文字表达能力和口头表达能力，能说会写是广告人的基本功。广告人需要较强的文字表达能力来完成策划、文案、调查报告等案头工作。而在与客户、同行、消费者沟通时，有良好的口头表达能力，才能吸引人、打动人、说服人。（图3-8）

（五）创造力

广告业是创意行业，是迫切需要创造力和想象力的行业。创造力的核心是创新思维能力和创意能力，它们是评价一个广告人是否优秀的重要能力素质标准。（图3-9）

图3-7　国外戒烟广告　通过图形的变化警示人们吸烟带来的危害，达到沟通的目的。

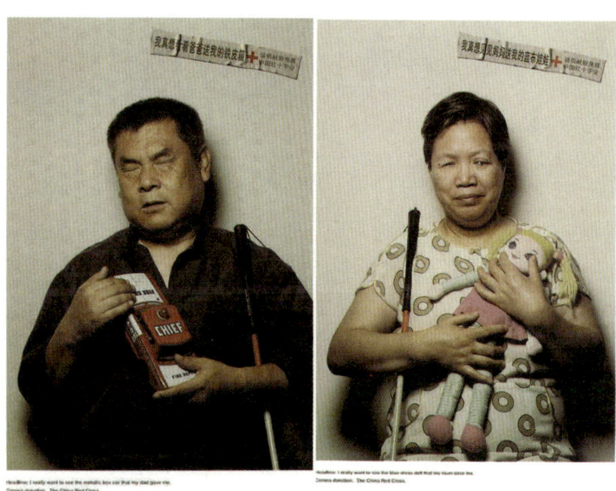

图3-8　中国红十字会公益广告《请捐献眼角膜》　作品通过盲人的一个简单却很难实现的愿望来打动公众。

图3-9　Mylanta胃药广告　通过洞察消费者的痛点，运用极具想象力的画面进行创意表现。

（六）洞察力

洞察力是指深入事物或问题的能力，是人透过表面现象精确判断出事物背后本质的能力。广告需要广告人在纷繁复杂的信息中抓住最有价值的信息，透过种种现象看到潜在本质的深层洞察力。好的广告都离不开洞察，洞察是广告与用户有效沟通的关键钥匙，是广告决策的针对性、广告创意的有效性的保证。广告人需要具有对社会政治、经济、文化的敏锐洞察力，以及对市场需求、竞争状况的前瞻性把握，对目标消费者细致的心理需求、消费行为和动机、心理状态、使用场景等深入分析提炼后，并将之放大巩固，成为品牌的精神内涵。知名广告人劳双恩认为："洞察力能够帮助你找到客户需求和满足的结合点，这需要非常细致的思考，同时还要把自己带入消费者的角色中去想问题。"（图3-10）

图3-10
关爱孤独症儿童公益海报系列　通过夸张的画面深刻揭示了孤独症儿童的现状。

二、广告主的广告素养对广告创意的制约性

广告主是广告活动的三大行为主体中的第一主体，是广告活动的发起者和决策者，对广告创意的敲定、制作与发布有着绝对的决策权及发言权。广告主的社会责任感、认知、诚信、道德、审美等因素影响广告主广告素养的高低。有的广告主对广告创意会产生积极的作用，如全面而客观地提供产品相关信息，对广告创意人员不做任何提示，给广告创意人员足够的发挥空间，或者能根据自己的产品特点或品牌定位提出总体创意构思的大方向供广告创意人员参考，指引广告创意人员有针对性地细化完善广告方案。反之，如果广告主带有倾向性比较明显的主观色彩或个人喜好，对广告创意的总体思路或一些具体细节提出自己的意见，会对广告创意产生一些消极作用。因此，广告主广告素养的高低，决定着广告主与广告公司能否进行有效沟通。沿着创意主题的思路，双方达成一致，并制定出最适合品牌定位的广告策略，有利于减少虚假、庸俗广告，提高广告的真实性、观赏性、审美性。

三、思考与练习

（1）广告创意人员应具备哪些基本素养？

（2）如何培养设计师的洞察力？

（3）结合本章知识要点，从国内外优秀案例中挑选出一两件广告作品，从广告创意主体的文化性、洞察力、创造力，以及作品蕴含的生活性、审美性及信息的传达性等层面，对广告创意作品进行评述。（见表3-1）

表3-1 学习评价

评价内容	评价标准	评价结果（是/否）	分值	得分
学习认知	广告创意主体的构成及相互之间的关系		10	
	广告创意人员的架构		10	
	广告创意主体的制约因素		10	
效果评测	广告作品的创新效果		10	
	广告信息的传递效果		10	
	广告内容的接收效果		10	
实践应用	广告创意主体文化素养在实践中的应用		10	
	广告创意主体沟通能力与表达能力在实践中的应用		15	
	广告创意主体洞察力与创造力在实践中的应用		15	
合计				

注：评价结果“是”为满分，评价结果“否”为0分，总分值为100分。

综合实训

实训名称：海报改良设计。

实训目的：根据现有的广告设计知识技能，能从现有的海报设计作品中发现问题并解决问题。

实训步骤：找一张现成海报，在此基础上对其进行创意改良设计。要进行市场调查，从中发现现有企业产品广告创意的优缺点，并对其进行有针对性的创意改良设计。

实训要求：A4纸大小，表现技法不限。（见表3-2）

表3-2　评分标准

评价内容	评价标准	评价结果（是/否）	分值	得分
主题	信息传达准确，突显项目要求、主题以及产品诉求		15	
	内容科学、文明、具有时代气息		15	
创意	广告设计构思有洞察力和独创性		15	
	紧扣主题的前提下突出个人设计风格和原创性		15	
	作品具有时代性、商业性、艺术性、沟通性		20	
技术	能熟练利用所学软件设计并制作作品		20	
合计				

注：评价结果“是”为满分，评价结果“否”为0分，总分值为100分。

4

第四章

广告创意的表达

梦的制造者、登广告的人必须靠这样的事实活着：即他们是成批生产的幻觉和幻想的代理商。

——米尔斯·亨利

允诺夸大的允诺，这就是广告的灵魂。

——塞·约翰逊

【学习目标】

知识目标

1. 掌握广告创意的基本原则。

2. 掌握广告创意思维及创意思维方法。

3. 掌握广告创意的常用方法。

技能目标

1. 熟悉创意思维的方法，能运用广告创意思维进行前期的创意构思。

2. 掌握广告创意设计的常用表现技巧，学会从优秀作品中吸取创意表现方法。

素质目标

通过深入学习本章内容，养成良好的广告创意思维习惯，提升广告创意思维、创意表现能力等综合素养。

【情景导入】

“点子就是尝试把‘两个不相干的东西凑在一起’。”——美国诗人、普立兹奖得主罗伯特·福斯特（Robert Frost）；“一个人想得到新的创意，只有一种方法：将两个或两个以上的点子重新组合，产生新的联结，然后会发现一种以前从未想到过的新关系。”——卡地亚（Louis-Francois Cartier）。我们认为：“广告创意就是广告人对广告创作对象所进行的创造性的思维活动，是通过想象、组合和创造，对广告主题、内容和表现形式所进行的观念性的新颖性文化构思，创造新的意念或系统，使广告对象的潜在现实属性升华为社会公众所能感受到的具体形象。”广告创意的确立围绕创意的元素选材，材料的加工、创意的组合、电脑的后期制作，都伴随着形象思维的推敲过程。那么创意的思维过程是什么？如何进行创意？创意的具体方法如何？本章将逐一加以论述。

第一节　广告创意原则

一、独创性原则

独创性原则是广告创意的核心原则，指广告创意要新颖独特、与众不同且独具卓识。要善于打破常规，不能因循守旧、墨守成规。现代社会中产品同质化严重，各类广告信息让人眼花缭乱，一般的表现方式很难引起消费者注意。在这种情况下具有独创性、新奇感的广告创意才能脱颖而出，给人留下深刻的印象，且被长久地记忆。在广告评价中，独创性常常是衡量广告创意优劣的重要评价指标。（图4-1）

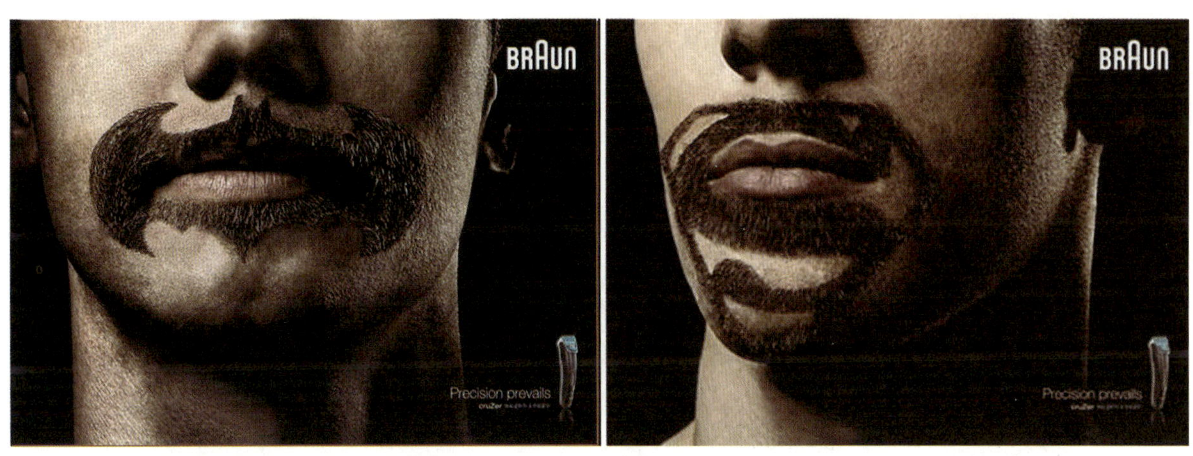

图4-1　剃须刀广告　胡子的造型是英雄的标志，突出产品是成就英雄的重要元素。

二、简约性原则

简约性是指广告创意的主题简洁明确，表达清晰有力。广告界权威人士认为："广告在5秒钟内不能吸引观众，就失去了机会。"一般情况下，消费者并不愿意主动看广告，对大多数广告都是匆匆一瞥而过，如果信息过多，传播效果反而不理想。广告创意必须找准诉求点，将广告信息聚集、提炼、精简，在有限的时间和空间里快速而准确地传达信息。广告大师伯恩巴克说："假如你不能把你所要告诉消费者的内容浓缩成单一的目的、单一的主题，你的广告就不具有创意。"越简明的广告，越容易被注意和记忆，所以，经典广告往往都是简单通俗却意味无穷的。

三、相关性原则

相关性主要指广告创意要与目标消费者和产品产生关联。广告创意人要具备较强的消费者洞察力，要深入消费者的生活，敏锐地发现人们生活中不寻常的细节，探寻他们的愿望、想象、痛点等，并把它们提炼出来，作为广告创意的素材加以表现。消费者基于日常生活的经验，看到这些广告时能产生共鸣，而广告与消费者的关联性越大，所产生的共鸣就越强。所以，看似平凡的日常生活蕴藏着取之不尽的广告素材，要善于去发现这种关联。我们常说，艺术来源于生活，并高于生活，优秀的广告创意同样

也是生活的艺术结晶。（图4-2）

图4-2　沃尔沃汽车广告　广告的诉求目标是表现汽车性能更好。由于汽车启动加速度太快，受惯性影响，狗狗滑进了汽车座椅里。画面表现出生活中的日常经验，及与产品相关的趣事。

创意的相关性原则，不仅应与目标消费者相关，还要与产品相关。做广告之前要彻底了解产品，广告要传达出产品的优势，并且把其优势关联到消费者的需求上。因此，相关性表现的重点在于能否找出产品最能满足消费者需求的利益点。

四、震撼性原则

震撼性是指广告在瞬间引起消费者注意并冲击其心灵深处的程度，使消费者留下深刻的印象。为了在喧嚣的信息海洋中吸引到足够多的眼球，创意要具备强烈的视觉冲击力和心理震撼力。好的创意往往是“旧元素、新组合”，用日常生活中人们熟悉的元素、场景，以一种全新的、奇妙的、夸张的方式加以组合，而这些组合的元素在生活中的距离越遥远，看上去越风马牛不相及，视觉冲击力则越强。（图4-3、图4-4）

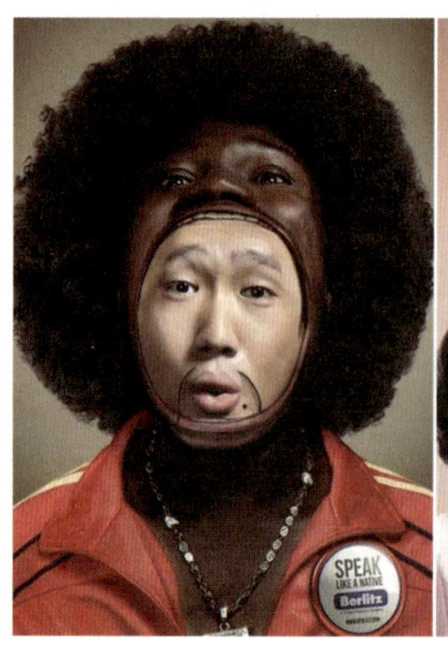

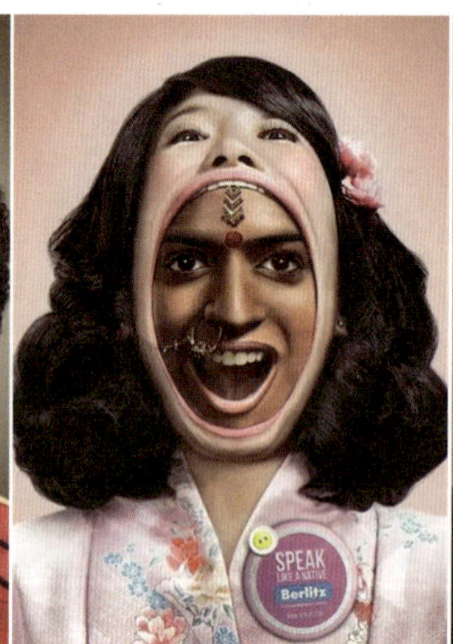

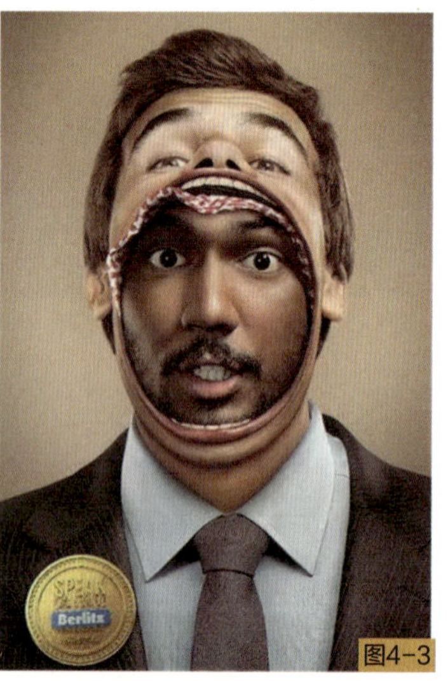

图4-3

图4-3
语言培训机构广告　将两个不同人种以新的形式组合在一起，表达出贝立兹（Berlitz）让你像当地人一般讲话的理念。全新的、有趣的组合，使广告画面夸张生动，极具视觉冲击力。

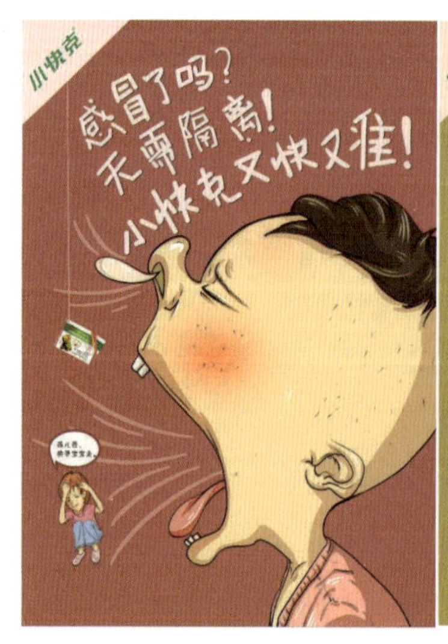

图4-4

图4-4
《不要隔离我！》小快克海报设计
作品造型与构图具有较强的视觉冲击力，创意源于很多二胎家庭的痛点。有了好产品，就不用担心孩子因被“隔离”而缺乏家庭关爱。

图4-5　公益海报《请勿在驾驶的时候打电话》　作品具有强烈的视觉冲击力。

然而，要想打动消费者的心，仅靠视觉上的力量是不够的，还需要冲击他们的内心深处，这就是创意的心理震撼力。心理震撼力源于情感诉求，让消费者不由自主地产生情感共鸣，强化对产品的好感度。因此，出色的广告创意往往把“以情动人”作为追求的最高目标。（图4-5）

第二节　广告创意思维

一、创意思维

广告 = 创意 + 表现（创意是指思维能力，表现是指造型能力）。

“思维”一词的英文为“thinking”，在汉语中，“思维”与“思考"“思索"是同义词或近义词。《词源》说：“思维就是思索、思考。”著名广告学家金定海对思维曾经给出一个定义：“思维，人类思想的维度，是人脑对现实世界能动的、概括的、间接的反映过程，是人类认识活动的高级形式。同时，思维也是人脑对现实事物间接的、概括的加工形式，以内隐或外隐的语言和动作表现出来。”

现代广告已不仅仅具有简单的告知功能，其中独到的创意思维、恰如其分的表现形式，是一则广告成功的关键。广告创意是一个构思活动，体现信息如何传递，而在这个活动中创意思维方式可以帮助我们激发创造力，让自己始终保持思维的活跃度。

（一）形象思维与抽象思维

形象思维又称“直觉思维”，是指借助于具体形象或图像展开联想、思考，具有生动性、直观性等特点的思维活动方式。通俗地说，就是由形及象、由象而形的思维过程。例如，以下这些事物都有形象特征，依照它们形状的相似，将它们联系起来。（图4-6至图4-8）

例如，根据圆形，联想到足球、篮球、气球、呼啦圈、肥皂泡。

联想到西瓜、苹果、橙子、鸡蛋、汤圆。

联想到桶、杯子、瓶子、罐、碗。

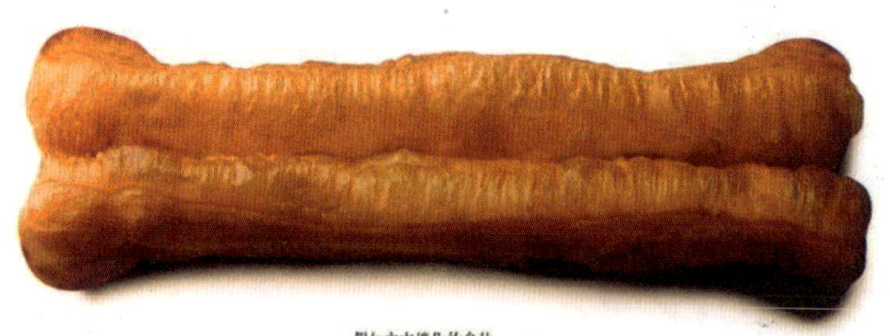
假如它支撑你的身体……

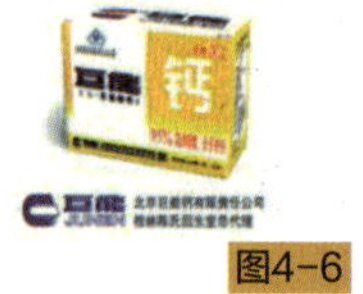
钙

图4-6

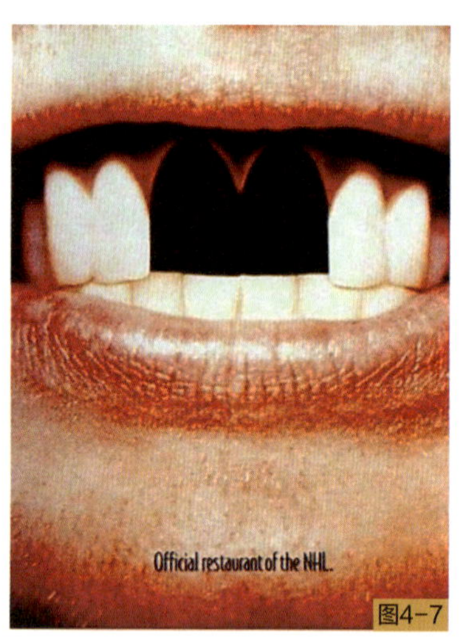
Official restaurant of the NHL.

图4-7

START UP A MOUNTAIN.
Jeep
Jeep
THERE'S ONLY ONE

图4-8

图4-6
巨能钙广告 作品运用形象思维，用油条的外形比喻骨头，强调补钙的重要性。画面简洁，喻义恰当，诉求明确。

图4-7
麦当劳形象广告

图4-8
Jeep 汽车广告 美国Jeep汽车公司以一把钥匙与山峰的连绵起伏在外形上的相似而进行创意。形象生动地向受众表达Jeep汽车翻山越岭的越野性能。

联想到方向盘、飞碟、车轮、光盘、灯泡。

联想到跑道、枪口、句号、禁止符号。

联想到太极图、项链、钻戒、表。

联想到药片、药丸。

…………

抽象思维是指通过对客观事物的比较、分析、综合和概括等思维活动，发现事物的某种本质上的共性特征和内在规律。抽象思维与形象思维不同，不是从形象出发，而是从抽象概念出发进行思考，延伸出视觉化的设计。这也是从抽象思维到具象思维的过程，通常借助象征意义将各种具象的事物与抽象概念相联系。如，巧克力广告宣传的概念是爱情甜蜜，广告创意常常是以情侣的形象表达爱情甜蜜的这一抽象概念。

例如，根据圆，联想到团圆：祖国统一、中秋佳节、家人团聚。

联想到周而复始：时间、轮回、滚动、旋转。

联想到圆滑：泥鳅、狐狸、油、润滑剂。

联想到圆满：满足、完善、完美无缺。

在进行广告创意之初，广告信息和设计主题往往都是抽象的概念，要想让广告引人注目，就必须把抽象概念转换成具体形象，这时可以用抽象思维展开联想来探寻可表现的形态。比如柔软如羽毛、坚硬如石头。这需要广告创意人运用丰富的阅历和想象力，及时转换思维跨度，发挥两种思维模式各自的优势，从而捕捉到不同事物的联系，使广告创意具有意料之外、情理之中的传播效果。（图4-9、图4-10）

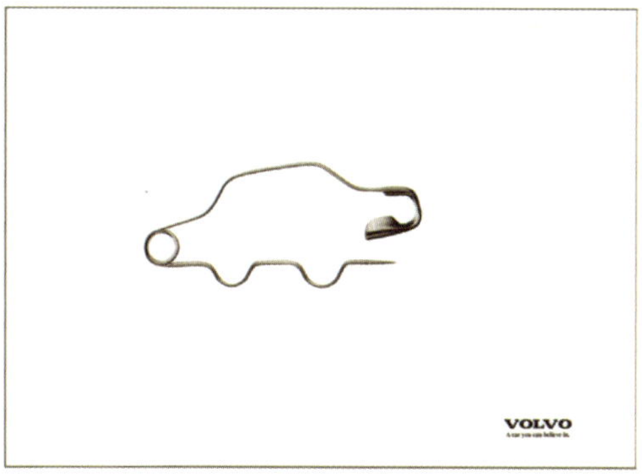

图4-9　沃尔沃汽车广告　此广告于1996年戛纳广告节获得平面广告作品金狮大奖。广告的主题是“安全”，广告标语：一辆你可以信赖的车。因为安全所以信赖，由抽象的“安全”概念联想到具象的安全别针，用生活中毫不起眼但用处很广的别针形象做广告宣传，信息传递简单明了，富有创意。

图4-10　苏菲卫生巾创意广告《吸收力就是这么强》　广告通过表达抽象概念——吸水力很强，进行具象的视觉转换，表达产品的功能及品牌理念。

（二）发散思维与聚合思维

发散思维又称“辐射思维、放射思维”，是指大脑在思考时呈现出扩散状态的思维模式。它表现为思维视野广阔，运用丰富的想象力，充分调动积淀在大脑中的知识、信息和观念，将其重新排列组合，由一个中心概念向四周放射出几十、几百、几千、几万种联想，即一意多形，一个概念有多种表达形式。（图4-11）

例如，由杯子联想到水、茶、诗文、琴瑟、高山流水……

由桌子联想到书、书海、船、鸟、飞机……

聚合思维又称“收敛思维、集中思维”，是指把各种信息聚合起来思考，把广阔的思路聚集成一个焦点的方法。它是一种有方向、有范围、有条理的收敛性思维方式，与发散思维相对应。如果发散思维是放，那聚合思维则是收。

运用发散思维有利于思维的开阔，但容易散漫无边，偏离目标。聚合思维则有利于思维的集中性、深刻性和系统性，但容易因循守旧、缺乏变化。一般在创意初始阶段，发散思维占主导；在创意决策阶段，聚合思维占主导。

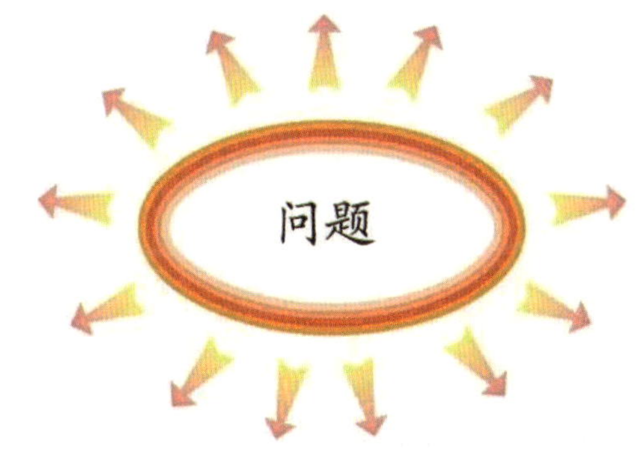

图4-11　发散思维示意图　由中心概念向四周放射多种联想。

（三）垂直思维与水平思维

垂直思维也称“纵向思维、因果思维”，是指传统逻辑上的思维方式，它按照有顺序的、可预测的、程式化的方向进行思维活动，是一种符合事物发展规律和人类习惯的思维方式。垂直思维遵循方向性和连续性的思维脉络，顺着一条思路一直往上或往下延伸，直到找出问题的答案。垂直思维的优点是思路清晰而稳定，缺点是受惯性思维的影响和具有思考空间的局限性，容易使人故步自封，缺少创新，重复雷同。（图4-12、图4-13）

图4-12
Nanyang拖鞋广告　广告创意运用垂直思维，根据产品功能特征展开联想。广告的主题是“结实耐用”。大家都知道，拖鞋是狗狗热爱的玩具，由于拖鞋太结实，狗狗的牙齿都快掉光了。直接将结果呈现，加上充满喜感的狗狗表情，创意表达水到渠成。

图4-13
望远镜平面广告　广告创意运用垂直思维，根据产品功能特征展开。例如，望远镜“拉近”到近在眼前的程度，创意表达呼之欲出。

图4-12

图4-13

水平思维也称“横向思维”，具有创意思维的多维性和发散性特点。与垂直思维相反，这种思维方式是不可预测的，也不一定是有顺序的，它要求尽量摆脱固有模式的束缚，从多方向、多角度思考问题，不断寻求新的创意。由于水平思维方式不断试图从多方向切入问题，改变了解决问题的惯性思维，从而拓展了思维的高度和广度，大大增加了从其他领域获得解决问题的方法的机会。因此，水平思维方式在广告创意活动中起着重要的作用。

人们在进行思考、解决问题的时候，容易陷入垂直思维。它是一种人们长期的习惯，而且是一种根深蒂固的思维方式，但这种模式并不一定有利于提出新观念、新思想。水平思维方式与垂直思维方式可以互为补充，使人打破惯性思维，冲破旧观念、旧秩序的束缚，获得创意构想。但水平思维没有现成的依据，没有确定的方向，是有一定难度的。

例如，邦迪通过系列广告《成长难免有创伤》中三幅老照片的画面，表现成长记忆中心灵受到“创伤”的场景：“孩子哭闹着要妈妈买玩具”“和自己的小舞伴闹别扭”“暗恋中的小伙子看到自己喜欢的女孩子和别人约会”。广告没有延续以往的垂直思维方式，直述邦迪创可贴产品的功能和其他特点，而是用水平思维方式拓展“创伤”一词，通过对消费者心理及内心情感需求的深入挖掘，将产品功能和现实生活中的心理创伤联系到一起，通过形象的广告表现出品牌的人文关怀，感人肺腑，进而也成功地塑造并有效地推广了邦迪的品牌形象。（图4-14）

图4-14　邦迪广告

（四）顺向思维与逆向思维

顺向思维是一种常规的、传统的思维方式，其特点是注重问题的逻辑性和连贯性，如以从上到下、从前到后、由浅入深、由点及面等常规的序列方向进行思考；当大家都朝着一个固定的思维方向思考问题，而你却朝相反的方向思考时，这样的思维方式被称作逆向思维。逆向思维也叫“求异思维”，它是指不用约定俗成的常规思维去思考问题，而是从事物的反向角度思考问题的一种反常规的思维方式，敢于“反其道而思之”，破除旧观念，树立新思想。广告大师艾·里斯在《广告攻心战略：品牌定位》一书中说：“寻求空隙，你一定要有反其道而想的能力。如果每个人都往东走，想一下，你往西走能不能找到你所要的空隙。哥伦布所使用的策略有效，对你也能发生作用。”（图4-15至图4-17）

图4-15　奥妙的平面广告　表达通往成功的道路并不是一帆风顺的，逆向思考“脏”的就是好的，是成功的必然之路。

图4-16　“癌症治疗烟瘾”　与以往顺向思维表现抽烟带来各种危害的角度不同，通过逆向思维，表达烟抽多了得了癌症，就离死亡不远了，也就抽不了烟了，烟瘾当然也就治愈了。

图4-17　法国连锁超市Intermarche平面广告《不光彩的水果和蔬菜》　针对超市里长得丑陋畸形的水果无人问津，造成浪费的现象，采用逆向思维表现各种丑陋畸形的水果，提醒人们“真正的不打农药的蔬菜都不具有完美的形态”。

顺向思维是人们在长期的生活经验中养成的固定思维，在处理常规问题时有积极意义，但在一定程度上会形成一种思维定式，束缚了创意的发展。逆向思维法可以打破常规，找到新的突破点，使广告摆脱平庸。

二、广告创意的思维方法

（一）头脑风暴法

头脑风暴法也叫“脑力激荡法”，是美国著名的广告公司BBDO创始人A. F. 奥斯本提出的一种激发创造性思维的方法，是世界上最早付诸实施的集体思维法。它提倡运用众人的智慧去冲击问题，要求与会者自由思考、各抒己见、互相启发、激发联想，寻求较多较好的设想和方案。一个与会者提出一种设想时，就会激发出其他成员的联想，而这些联想又会激发出更多更好的联想，这样就形成了一股“头脑风暴”。头脑风暴法经常被应用在广告创意的实践过程中，能够打破人的惯性思维，充分激发人的创意思考潜力。头脑风暴法的操作过程如下：

1. 准备阶段

首先明确主题，清楚描述需要解决的具体问题。参与人数在10至15人之间，时间一般控制在20至60分钟之间；参与者最好来源于不同学科背景，优势互补，确保与会人员看待问题的多样化，提出不同的创意点子。在这个阶段，会议主持人宣布会议规则：围绕一个主题，自由地思考、联想；参与者发言要简明扼要，尊重每个参与者提出的创意点子，禁止批评和评论他人意见；参与者尽量多提新奇的设想，或者结合他人见解提出新思路，而不是简单地附和他人意见；目标要集中，创意数量多多益善，想法越多，最后得到有价值见解的可能性也越大；在此过程中，所有的创意点子都被记录在案，只有在会议结束后，才对这些观点进行评价总结。

2. 执行阶段

头脑风暴法以激发集体思维，碰撞出不同的创意点子为宗旨。在此过程中，参与者明确需要解决的问题，无拘束地自由联想，自由发言，相互启发，碰撞灵感，给每个新创意一个启发别人的机会。当遇到创意瓶颈时，会议主持人要善于引导、协调，鼓励参与者充分发表见解，最大限度地调动每个人的积极性，激发其创造力；提倡标新立异，各抒己见，营造宽松、自由、活跃、热烈以及和谐的会议氛围。

3. 汇总整理阶段

对所有观点进行整合评估，提炼出可实施、有创新和有价值的观点，并进行优化、选择、组合、改进，确定若干个解决问题的创意方案。

（二）思维导图

思维导图又叫“心智图”，最早是由英国教育学家托尼·巴赞提出的，过程自由，结果清晰，是表现发散性思维的简单高效的图形思维工具。思维导图运用图文并茂的形式，将关键词与图像、颜色等建立记忆链接，将各级主题的关系用相互隶属与相关联的层级图表现出来。由一个中心概念出发，向四面八方放射出几十、几百、几千、几万种联想的节点，而每一个联结又可以成为另一个中心主题，再向外发散出成千上万个节点，这些联想传递回你大脑后形成的每一个信息、感觉、记忆或想法，都可以成为一个思考中心，然后将每一种可能的联想用图形表达出来，就出现了围绕中心概念的多个表达。（图

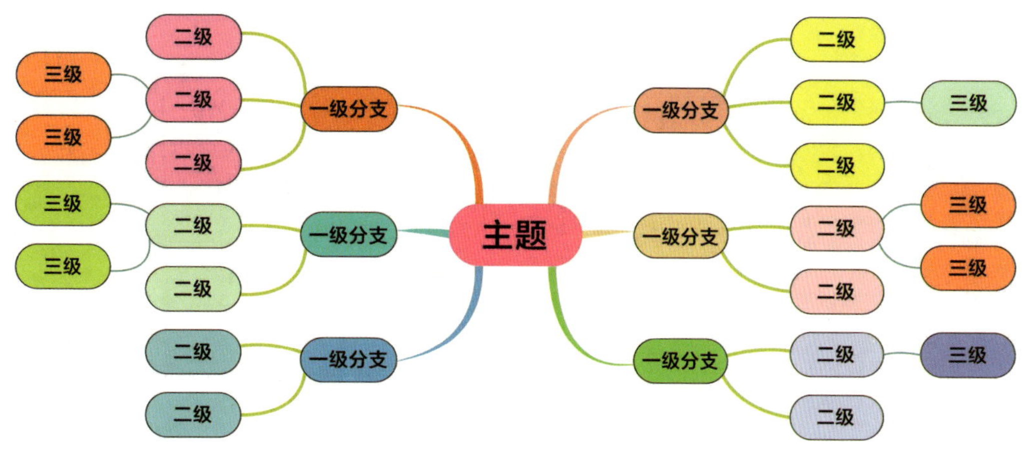

图4-18　思维导图样式

4-18）

1. 思维导图的优点

思维导图的优点在于方便记录，运用图像、色彩加强记忆；充分调动大脑机能，激发创意灵感和联想，“一意多形”，即一个概念的多种表达形式；便于沟通和协调，图形形式的记录和思考方式使得个人的想法直观地传达给创意团队，适合团队合作。思维导图已经在全球范围得到广泛应用，我国从小学教育就开始引入思维导图的学习方法。

2. 思维导图的绘制步骤

（1）根据品牌资料信息、产品卖点、广告主题、消费者心理洞察力等，对概念进行提取分析，确定中心关键词。

（2）中心关键词画于中央，从此点出发，开辟出若干不同路线，把思路打开。根据生活经验与常识，将可能产生的元素沿着路线放射并快速记录下来，进而展开捕捉闪光元素的行动。托尼·巴赞指出：“必须在40分钟左右的时间内，让思想尽快地流动起来。由于大脑必须高速工作，就松开了平常的锁链，再也不管习惯性的思维模式，因而激励了新的，通常也就是一些很明显的荒诞的念头，因为它包括了新眼光和打破旧的限制性习惯的关键。”

（3）将有新鲜感的元素用图形示意，形成思维导图的闪光点。或者继续思考，让大脑对思维导图产生新的观点，继而进行第二次重构。寻找创意闪光点的过程是探险家寻宝的过程，突破常规，才能出奇制胜。

（4）将几个有趣的闪光点组合起来，形成创意的雏形，继而提炼创意文案及广告标语。

注意：为了方便思考，步骤（1）（2）均用文字进行搭建，步骤（3）（4）则以图形形式呈现。以上步骤根据托尼·巴赞《思维导图》编写。（图4-19至图4-24）

图4-19　思维导图绘制步骤

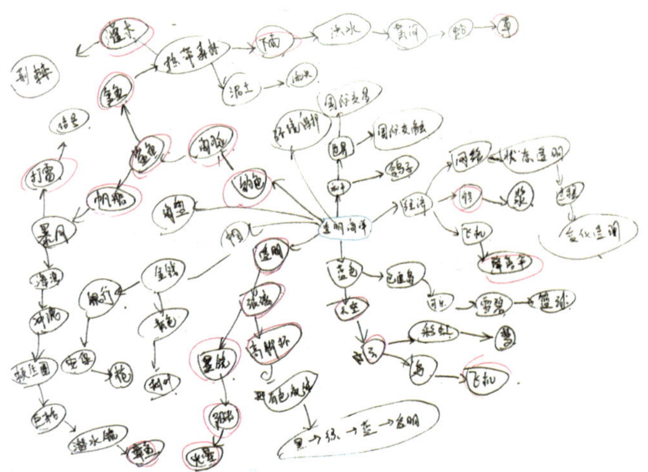

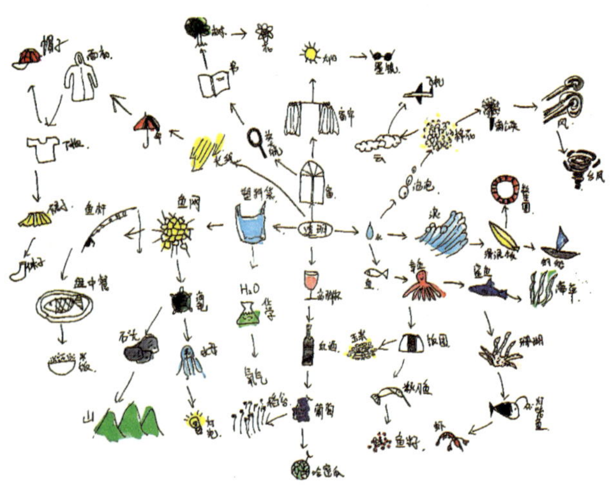

图4-20　思维导图创意步骤（文字表述—捕捉闪光点—图形化闪光点）

图4-21　思维导图创意步骤（文字表述—捕捉闪光点）

图4-22　思维导图创意步骤（手绘元素组合，形成创意雏形）

图4-23　思维导图创意（创意作品《海洋是最好的保鲜膜》公益海报设计）

图4-24　思维导图创意

第三节　广告创意方法

一、元素重组法

（一）创意 = 旧元素 + 新组合

詹姆斯·韦伯·扬在《创意的生成》一书中对创意的解释是：“创意完全是各种要素的重新组合。”即“旧元素、新组合”。这里的“旧”不是指陈旧，而是指我们熟悉的事物，好的创意是将熟悉的、普通的事物进行巧妙地组合，继而达到新奇的、具有突破性的传播效果。那些风马牛不相及的事物，甚至是完全对立、互相抵触的事物，也可以经由“创意的行为”和谐地融为一体，成为引人注目的新构成。（图4-25）但注意，要以巧妙的形式进行新组合，新组合应具有合理性，而不是生搬硬套的拼凑。例如，绝对伏特加的广告经典案例中，“绝对城市”系列是将各个国家的文化艺术、典型符号等元

图4-25　一汽大众海报设计　作品将汽车与放大的树叶、年轮进行创意组合。

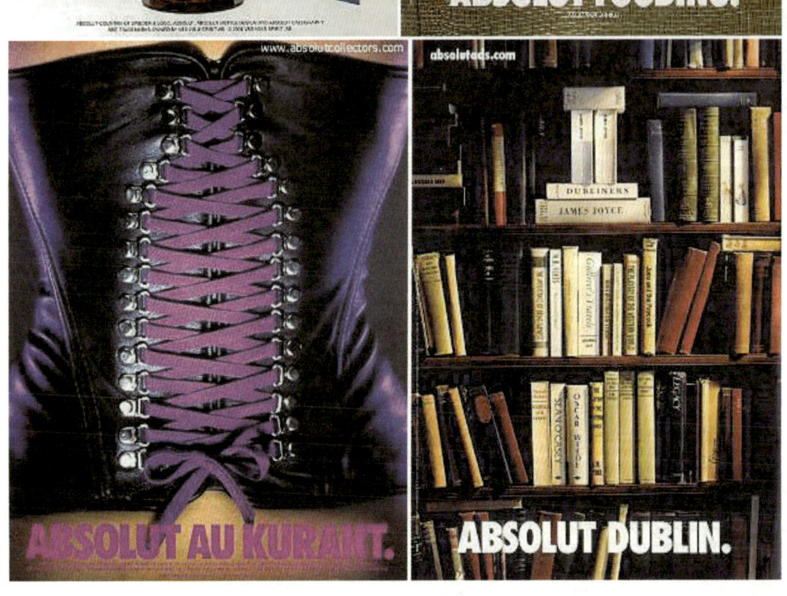

图4-26 绝对伏特加经典系列 广告很好地诠释了“旧元素、新组合”的创意方法。元素来源于生活。

素与伏特加的瓶子进行奇妙组合，每一幅作品都给人惊喜，令人拍案叫绝。（图4-26）

（二）发现元素

怎么发现旧元素？首先，根据广告主题、产品卖点、消费者痛点或利益点提炼关键词，展开头脑风暴法或思维导图等创意思维方法进行元素的联想。其次，善于收集生活素材，丰富自己的材料库资源。如果广告创意人员不能深入生活，那么就会缺乏创作素材，无法创作出具有影响力、与观众共鸣的作品。（图4-27、图4-28）

图4-27 剃须刀广告 将两个风马牛不相及的男人和松鼠元素进行组合。右下角广告标语“FREE YOUR SKIN”：解放你的皮肤，去除鼠害。

图4-28　依云矿泉水平面广告　将儿童与成人进行有趣的组合，表达广告的主题“LIVE YOUNG”。

二、生活情景创意法

（一）生活情景创意法的含义

生活情景创意法是指在广告或宣传活动中，以商品为中心，通过演绎生活化、真实化的消费者生活情景并展示商品的卖点。广告心理学研究指出，置身于现实生活情景中的商品，与没有现实背景的商品相比，更能诱发人们的消费欲望。

广告越贴近现实生活，越容易得到消费者的共鸣和认可。生活情景创意法的最终目的是宣传商品，但它不是简单地陈述商品信息，而是在赋予商品特定的内涵和象征意义后，将商品自然地融入消费者的生活中。这种不刻意的广告能给公众带来一种特别的亲切感，很容易使消费者产生共鸣、共情。如营造目标消费者熟悉的生活经历、人生感悟，以及难以忘怀的童年回忆、爱情、亲情、友情等，以唤起、激发人们的怀旧情感而产生良好的沟通效果。（图4-29、图4-30）

图4-29 Jeep汽车创意广告 以受众向往的场景为背景，激发受众的共鸣。

图4-30 二手烟公益广告 同样利用受众熟悉的生活场景，运用出其不意的表现手法突出受众所受的二手烟危害。

（二）生活情景创意法的技巧

根据广告创意来源于生活的理论，各种生活情景都可以成为广告创意的原型。家庭、工作、社交等为生活情景创意法提供了丰富的素材来源。具体应用生活情景创意技巧时，应注意以下几点。

第一，选择的生活情景应具有典型性。不是任何场景都适合或都有展示价值，我们通过洞察目标消费者的生活现状，选择最符合产品使用途径和具有典型意义的生活场景进行模仿、还原、演绎。例如，在表现生活情景的过程中，突出典型的时代背景、流行文化背景、民族文化背景、生活化背景等；同时，要遵循艺术的普遍原理，即“艺术来源于生活，高于生活”，既不能脱离实际，又不能照搬现实，必须具备一定的审美理想，这样才能够把创意中的艺术性、文化性、浪漫性与现实生活融为一体，使广告信息得到更有效的传递。

第二，选择的生活情景要与商品的消费用途相关联。如果在某种生活情景中，人们并不使用这种商品，而创意人员把商品简单粗暴地硬塞进去，最终还是会因为受众与场景有陌生感而无法产生共鸣，达不到宣传效果。优秀的广告应将消费者利益作为表现公众生活情景的重点，满足消费者的实际需求，将商品与生活紧密联系起来，并在广告创意中致力于向公众展现新的生活方式，引领社会朝更积极、健康的方向发展。

第三，广告创意要注重与消费者的情感共鸣。生活情景中的情感表现非常重要，尤其是人生的某些重要节点，如高考、毕业、面试、初为人母人父等；难以割舍的情感经历，如初恋、亲情、友情、乡情等，或是儿时的回忆，都适合作为生活情景创意法的优秀素材去打动消费者。（图4-31、图4-32）

图4-31　碧浪洗衣粉广告　画面再现了一个普通的、真实的工作场景。画面的主人公在最容易弄脏衣服的工作场景中，穿着洁白的礼服和婚纱进行着各种操作，强调了产品的功能和特点，画面新颖独到，对观众的视觉有较强的冲击力。

图4-32　锐澳海报《少年心中有梦》　作品再现了受众的生活场景，结合产品表现少年梦想中的世界，营造出理想主义色彩。

三、故事性创意法

（一）故事性创意法的含义

故事性创意法主要是指借用文学创作的手法，结合商品展示，通过新颖、独特的情节设计进行广告创意的展示。故事性往往要打破常规的叙事逻辑，要善于设置悬念，创造跌宕起伏、引人入胜的效果，避免平淡无奇；具有完整的故事性、情节性、戏剧性的广告，总能让人产生深刻的印象，有利于广告信息完整传递。

故事性创意法多用于影视广告和网络广告，现代平面广告的运用也越来越多，需要根据主题进行故事脚本的创作。故事主题丰富多彩，包括励志、悬疑、幽默、爱情、奇妙、神话、童话等，都能激发受众的无限遐想和兴趣。（图4-33、图4-34）

图4-33
榄菊海报《驱蚊传》 作品以如来神掌、金钟罩铁布衫等耳熟能详的功夫传说作为故事背景，表现产品的功能。为了对抗蚊子，练就十八般武艺。

图4-34 小快克广告海报 作品通过表现快克熊与儿童之间的亲密陪伴，营造出温馨感人的氛围，体现小快克对待孩子的细心，提升了品牌的好感度。

（二）故事性创意法的技巧

在进行构思时，需要注意以下几点：

第一，故事性创意法多从情感诉求入手。情感诉求广告是现代广告策略中的一把利剑。人类具有丰富的情感，人们的购买行为往往伴随着情感因素。情感越强烈，就越容易激发消费者产生购买需求，因此，购买行为的产生在一定程度上取决于个人的情感，情感诉求广告也由此产生。广告融入亲情、爱情、友情等情感，通过赋予商品生命力和人性化的特点，将商品卖点完美融入故事情节中，并运用艺术表现手法进行广告创作，寻求最能引发消费者情感共鸣的出发点。

第二，紧扣主题，处理好故事情节与产品宣传的关系。将故事与产品宣传巧妙地融合。有的广告故事情节很吸引人，但事后观众却不知道这是哪个产品的广告。广告的故事情节性表现的是广告主题的形象化表达，离开了广告主题内涵的升华，无论故事多么精彩，也是没有广告价值的。

第三，注重故事情节的设计，善于把抽象概念、文案描述转化为公众熟悉的视觉形象和故事场景。广告通过巧妙的创意组合，让故事情景合理，文案精练，内容浅显易懂但内涵深刻、意境高远，并恰如其分地表现出商品的某种特性。（图4-35）

第四，善于收集生活素材，关注民生及社会百态。活到老，学到老，保持对一切事物的好奇心和新鲜感，时刻关注生活中的各种体验和感悟，丰富自己的人生阅历。如果广告创意人员不能深入生活，缺乏人生经验，那么就会缺乏广告创作的资料和素材，无法创作出具有影响力的作品。

图4-35　奥妙广告　画面带有童话色彩，产生奇妙无穷的效果，情节活泼有趣，让观众印象深刻。

四、思考与练习

（1）广告创意的方法有哪些？剖析一个优秀的广告创意是如何综合运用各种创意方法的。

（2）什么是广告创意思维？广告创意有哪些思维方法？

表4-1　学习评价

评价内容	评价标准	评价结果（是/否）	分值	得分
学习认知	广告创意的基本原则		10	
	广告创意思维的概念及其方法		10	
	广告创意的主要方法		10	
效果评测	广告创意原则的掌握情况		10	
	广告创意思维概念的理解及对其主要思维方法的把握		10	
	广告创意方法的理解程度		10	
实践应用	广告创意原则的应用		10	
	广告创意思维在实践中的应用		15	
	广告创意方法的灵活运用		15	
合计				

注：评价结果“是”为满分，评价结果“否”为0分，总分值为100分。

综合实训

实训名称：思维导图的训练和创意提取。

实训目的：能正确解读广告主题，根据命题进行思维导图的训练和创意提取，训练广告创意思维的开发能力及创意思维方法的执行。

实训步骤：选择商业项目或者公益项目，进行广告主题解读，继而提取关键词进行思维发散，绘制思维导图，捕捉闪光点，最后进行元素的提取和创意的组合。

实训要求：①制作PPT进行汇报。②为方便思考，按照本书第47页思维导图的绘制，步骤（1）（2）均用文字进行搭建，步骤（3）（4）则以图形形式呈现。（见表4-2）

表4-2　评分标准

评价内容	评价标准	评价结果（是/否）	分值	得分
主题	创意主题明确，信息传达准确，突出项目要求、主题以及产品诉求		10	
	内容科学、文明、具有时代气息		10	
创意	掌握头脑风暴法的程序与方法		10	
	能针对关键词进行思维发散训练，绘制思维导图，并最终提取有效创意元素进行组合		20	
技术	能否准确完整地表现出设计构想		20	
	PPT制作效果、内容前后逻辑性、展示效果		15	
	语言表达能力、沟通能力、逻辑思维能力		15	
合计				

注：评价结果“是”为满分，评价结果“否”为0分，总分值为100分。

5

第五章

广告创意流程

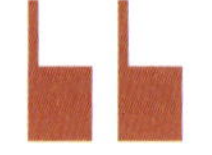

非有天马行空似的大精神，即无大艺术的产生。依傍和模仿，决不能产生真艺术。

——鲁迅

【学习目标】

知识目标

1. 理解广告创意基本流程的五个阶段。

2. 掌握广告创意的评价方式。

技能目标

1. 掌握广告创意基本流程，熟悉各个阶段的创意重心。

2. 学会并综合运用广告创意方法，能针对各种类型、主题进行创意构思和执行。

3. 学会思考与探索广告设计表现手法。

4. 熟悉广告创意的原则，能对广告创意方案进行验证、评价。

素质目标

具备广告创意人员的综合素养，具备正确的世界观、人生观与价值观；具备职业道德、统筹能力、团队协作能力。养成整体把握广告创意流程的习惯，树立重视提升自身创意执行能力的意识。

【情景导入】

广告创意流程存在多种模式，具有代表性的是詹姆斯·韦伯·扬的五步模式，他在《创意的生成》一书中总结了产生创意的五个阶段：

调查阶段（收集与商品直接或间接相关的资料）→分析阶段（找出商品最富特色之处，广泛、反复地进行联想，提出多种创意点子）→酝酿阶段（停止广泛联想，找出最佳的创意方向，集中思考）→诞生阶段（灵感突然闪现）→评估阶段（找出最佳创意，并加以调整、修正、强化，发展出具有可行性的创意方案）。

基于广告创意流程的多种模式，本章将针对广告创意的基本流程加以讲述。

第一节　调查阶段、分析阶段

开展创意调查是广告创意工作的开始，是创意思考的前期过程，同样也是广告创意设计中非常重要的环节。创意人员所掌握的资料越丰富，其创意的原料就越充足，创意的空间也就越大。美国广告“创意革命时期”的代表人物之一伯恩巴克说：“如果我要给任何一个人忠告的话，那就是在他开始之先，他要彻底地了解他要做广告的商品。他的聪明才智，他的煽动力和创造力都要从对商品的了解中产生。”创意成功与否，在很大程度上取决于对前期收集的资料进行分析、概括、提炼这一过程的实效。

威廉·斯潘塞（William L. Spenser）对有关资料的叙述是：“第一，有关商品的知识、长处和制造方法等；第二，有关消费者的知识，他们的欲望、必要性，与对该商品的心理态度等；第三，有关竞争者的广告，要研究怎样直接地吸引消费者；第四，要尽力地发现产品的特色、与其他竞争商品的不同点，并确定其在情感诉求上的特色。”收集的前期资料主要包括产品资料、目标受众资料、竞争对手资料、行业资料、市场情况资料等。

分析阶段是对调查资料进行分门别类、取舍概括和提炼加工，从纷杂的信息资料中洞察目标受众的实际需求和品牌在公众心目中的形象定位，找出独特的、富有感染力的广告诉求点及重要卖点，形成广告的创意点、创意方向。对资料的分析可以从以下几点展开。

①产品的特点。如产品的功能特点、产品的独特造型、产品的气味等。（图5-1、图5-2）

②使用者的类型。如典型消费者、潜在消费者，甚至消费者形象是否可以替换成动物。（图5-3）

③使用产品的场景。如某些常规场景、特定场景，甚至是虚拟场景。（图5-4）

④使用产品的时间、时刻或时段。如某些特殊时间或典型时间。（图5-5）

图5-1　薇婷脱毛膏海报设计　表现产品的功能特点。

图5-2　可比克薯片海报设计　产品的造型特点：薯片组合的花朵，突出产品特点。

图5-3　养元青海报设计　产品使用人群：加班熬夜的白领、新手妈妈等。

图5-4 贤哥辣条海报设计 使用产品的场景：宿舍、郊外。

图5-5 娃哈哈苏打水海报设计 使用产品的时段：约会时段、吃饭时段、运动时段。

⑤使用产品的理由或不使用产品的理由。如从解决问题或从需求的角度出发。（图5-6）

⑥使用产品后的评价。如使用者的反馈。（图5-7）

图5-6

图5-7

图5-6　爱华仕箱包海报设计
使用产品的理由：通往未知的世界与精彩，给消费者营造美好的憧憬。

图5-7　伊莱克斯吸尘器广告
使用产品后的评价：吸力超强。画面中，伊莱克斯吸尘器巨大的户外广告被吸入一扇窗户，夸张且幽默的手法表现产品的利益点，同时广告标语给出评价：“没有什么比伊莱克斯更能吸尘。”

第二节　酝酿阶段

提取和确定清晰的创意概念是进行广告创意的前提。创意概念是广告创意的核心、立足点，也是创意策划的根源。广告创意人员通过调查收集各种相关资料，又通过分析提炼形成若干创意点和方向，接下来的任务就是确定广告宣传的核心概念。

一、创意概念

创意概念是指品牌或产品长期的创意方向，或是对某个阶段的创意表达的一个清晰界定。创意概念承担着引爆创意灵感、指引创意方向的重要作用。广告所有的创意都围绕创意概念展开。创意概念的实质是从围绕品牌的产品或服务的市场要素，解决“说什么”的问题，是产品的特性、消费者利益点和痛点、品牌定位的汇集，是整个广告活动的核心诉求点。但要注意它只是创意方向的指引，并不等同于经过修饰和润色的具体广告标语，所以对创意概念的提炼要求是文句朴实、言之具体。

二、创意概念的提炼

创意概念一般从品牌、产品、消费者、市场这四个方面进行挖掘，可以是四者的提炼，也可以针对其中的某一方面，但一定是核心竞争力的浓缩。概念构建的过程，实质上是将分析阶段的创意点子提炼为具体的关键词句的过程，主要有两个步骤；

第一步：确定品牌或产品的单一广告诉求点。该诉求点是品牌独有的，或是相对出色的，或是对消费者很重要的。

第二步：针对单一广告诉求点，描绘其优秀程度。

示例1，Jeep越野车广告。（图5-8）

图5-8 Jeep越野车广告 创意概念：能到别人到不了的地方。

图5-9 吸尘器广告 创意概念：能清扫房间任何角落。运用夸张有趣的形式表现这款吸尘器能清扫房间任何角落的创意概念，是产品功能基本信息的表达。

单一广告诉求点：四轮驱动、动力十足。

深究其优秀的程度：动力好到……

创意概念：能到别人到不了的地方。

示例2，吸尘器广告。（图5-9）

单一广告诉求点：吸得很干净。

深究其优秀的程度：干净到……

创意概念：能清扫房间任何角落。

在这个提炼过程中，需要注意以下问题。

问题1：品牌定位和特征是什么？广告创意的任务是将品牌的形象定位向目标消费者进行巧妙而生动的传递，并展示符合消费者定位的品牌气质和格调，让消费者不自觉地把自己与品牌关联起来。

问题2：产品或服务的功能、特征是什么？功能要独特，是竞争对手不具有的或没有表现出来的。而特征的表述不能完全用客户罗列的产品技术特征，创意概念不是专业数据报告，必须自己深入发现并运用消费者觉得有趣、生动、清晰的形象语言来表达。

问题3：接收广告信息的是谁？锁定目标对象，这是广告的起点，因为你没法讨好所有人，对谁说决定了说什么。目标对象群体也就是企业营销计划中的目标市场，这是广告策略紧贴服务市场战略的先决条件。

问题4：消费者能得到什么利益的承诺？使用这个产品会怎么样？呈现的结果是什么？消费者购买需要动机，产品和品牌要能满足他们的需求。马斯洛把人的需求分为生理需求、安全需求、社交需求、尊重需求和自我实现需求，因此，消费者利益也呈现多元化特征，包括：生理的、心理的，感性的、理性的，个人的、社会的，现实的、幻想的，短期的、长期的，必然的、偶然的，主动的、被动的……产品要满足的利益错综复杂，但同时也提供了广大的挖掘空间。

此外，需要厘清产品功能特点与消费者利益点的区别。产品功能是针对产品本身而言的，是理性的；消费者利益点是针对消费者的切身体验，是偏向于感性的。（图5-10）例如：

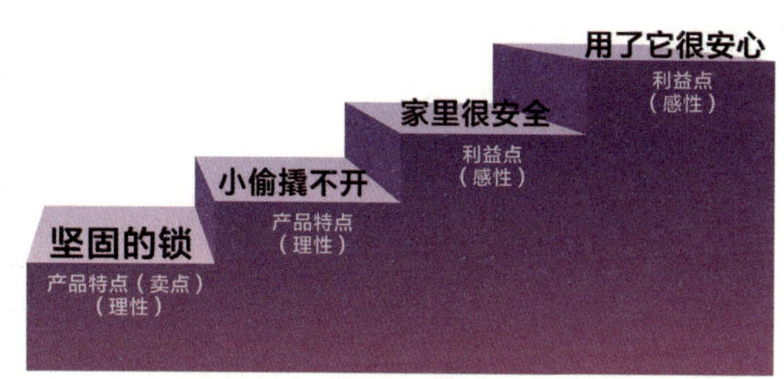

图5-10　从功能特点到利益点的阶梯式演进图

①这辆车加速换挡很容易（产品功能特性）——让你轻松享受驾驶乐趣（利益点）。

②脱毛产品去毛很干净（产品功能特性）——它能让（我）皮肤更光滑（利益点）。

③一块尿布吸水强（产品功能特性）——让宝宝更快乐（利益点），让妈妈更安心（利益点）。

④添加了安全成分且退热迅速的退烧药（产品功能特性）——在你最需要的时候帮你减轻孩子的痛苦（利益点），减轻母亲的焦虑（利益点）。

⑤洗发水含有防脱发因子（产品功能特性）——能让发根更坚固（理性利益点），能给（我）自信心（感性利益点）。

问题5：消费者的痛点是什么？如果没有会怎么样？所谓痛点，就是消费者没有被满足的需求点，从另一个角度来理解，正因为痛点难以满足，所以它恰恰是给消费者带来不良消费体验的点，企业要做的就是找到消费者的这些痛点，并通过自己的产品或服务，帮消费者消除痛点，使消费者免遭不良情绪的侵袭。

根据对这些问题的判断，可以形成多个核心概念方向。

方向1：产品服务和定位挖掘。属于实用信息概念，打造产品卖点，向公众传播关于商品性能、原料特性、技术功能、形象特色的实体性信息以及各种促销活动、服务活动的具体信息。

方向2：消费者利益点挖掘。确定消费者利益的类型，除了实用的功能利益外，最能主导消费者的是自我满足、自我表现及自我塑造等心理需求的实现，也是基于社交需求、尊重需求和自我实现需求。如营造美好生活情景，引导其产生无限遐想和憧憬；渲染情感类概念，常见的有亲情、友情、爱情和友善的人际关系等；展现过去的某种生活场景，使广告富有人情味，引导消费者回忆旧日情怀，与其产生情感共鸣，渲染个人价值的实现等。（图5-11、图5-12）

方向3：消费痛点挖掘。营造消费者需求没有被满足的生活场景，或尴尬窘迫的各种后果，引发公众的共鸣，进而激发公众对产品的需求心理。（图5-13）

图5-11 漱口水海报设计 创意概念：更自信。表现消费者使用产品后口气清新，更加自信，大胆地吹着口哨。画面营造了清新唯美的氛围，也体现了消费者利益点。

图5-12 冰箱广告 创意概念：亲近自然。画面中的西蓝花犹如原始森林一样层层叠叠，散发着勃勃生机及大自然的新鲜感。广告标语“不只储存食物”的言外之意，指出产品能给予消费者亲近自然的附加价值，将利益点扩大。

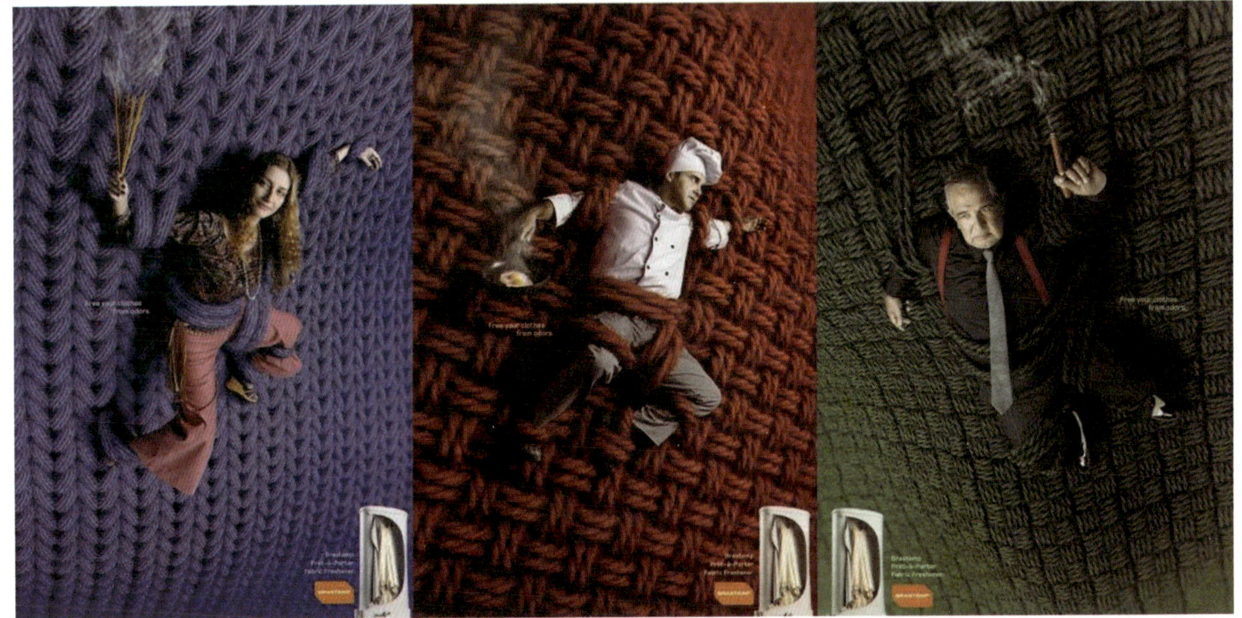

图5-13 衣物除味器广告 创意概念：除不去的味道。画面中焚香的女人、炒菜的厨师和吸烟的男子被绑在织物中，三人手中各自拿着散发着烟雾的道具，寓意三人被困在各类让人烦恼的顽固气味中。广告用风趣的方式让人看到问题的本质，即气味分子进入衣物里，抓住了消费者的痛点，从而达到了推广衣物除味器的效果。

总之，创意概念的提炼隐藏在市场需求、消费者心理变化中，广告创意人员在实际操作中，需要依靠对市场的敏锐嗅觉和经验，因为对任何一个细节的描述，都可能成为一个伟大的创意概念。

第三节 诞生阶段

创意的诞生阶段主要包括广告主题的确立及创意表现。广告主题是广告的灵魂，是品牌的大创意，贯穿于广告始终。广告的其他要素都是服务于广告主题的，它指引着广告的创意表现，并将构成广告的表现形式、文案设计、影视图像、图形设计等诸多要素有机地联系在一起，组成一则完整的广告作品。

一、广告主题的确立

经过前期的核心概念提炼，就可以进行广告主题构思。广告主题是广告的中心思想，将创意概念的策略思路传达为一个易懂、精练、单一的主题，其核心内容是对品牌形象最具个性特征的表达，是消费者最为关心的核心利益表达，是产品或服务的定位或单一卖点的表达等。主题鲜明、诉求突出是优秀广告的前提，否则，整个广告缺乏统一的凝聚力，各种信息就会显得杂乱无章，也很难精准地将广告信息传播给受众。（图5-14）

图5-14 广东移动通信和甲壳虫汽车从核心概念到广告主题的提炼图

广告主题一般以简洁明了的文字呈现，其表现形式有广告标题和广告标语。

（一）广告标题

广告标题是精确揭示和概括广告的中心内容，是图形画面的提炼表达，既要吸引读者的兴趣，同时也要对内容起统领性作用，往往承担着立刻打动消费者的任务。广告标题根据各个阶段的广告主题进行改变，可分为以下三种：

1. 直接性标题

直接表明广告主题，表达出显而易见、清晰无误的利益与承诺，让消费者迅速了解品牌或产品特点。

2. 间接性标题

不直接介绍产品或服务，用新颖、奇特、含蓄、带有悬念、耐人寻味的语言吸引受众关注其广告内容，引起受众的注意。

3. 综合性标题

直接性标题和间接性标题组合。

（二）广告标语

广告标语是品牌从长远的销售利益出发，在一定时期内相对不变的独特的宣传标语，其作用在于加深消费者对企业和产品的强烈印象。广告标语具有鼓动性、独创性和专属性，是表现广告主题的一种常见和有效的宣传形式。

二、创意表现

广告宣传的核心概念、主题确定后，即可围绕核心概念、主题确定创意的具体表达方式，提出创意方案和文案脚本，包括主题的提炼、形象的典型化、文字的精练、图片及影像的意境、表现方法和风格的综合思考和组合。创意表达包括以下两个方面。

（一）拟定广告文案

在广告创意表现和实施过程中，文字承载了传达广告信息主要内容的任务。奥格威曾说“广告是词语的生涯”，广告效果的50%～75%来自广告的语言文字部分，广告作品中的语言文字部分构成了广告文案。广告文案主要包括标题、标语、口号、正文等，是主题思想经过艺术加工而形成的文字，既要切合概念、主题，又要具有文字感染力、冲击力，能有效地影响公众。

（二）情节表现与图案设计

情节表现与图案设计担负着演绎和传播信息的重任，营造广告的氛围，并决定了受众对它的直观感觉。主要包括三种形式：视觉元素、听觉元素和视听综合元素。平面广告以视觉元素为主，广播广告以听觉元素为主，影视广告则以综合视听元素为主。

在创编情节表现与图案设计的过程中，需要运用具体的创意手法，即一些手段、方法和技巧。主要是围绕创意概念、广告主题和宣传文案，对情节性脚本进行设计（针对影视广告及网络广告），进行广告图案设计（针对平面广告及新媒体广告），借助视听语言，从文案、图案、影像、画面情节、表现风格、典型人物形象、颜色、音乐、音响、节奏等方面的内容形象准确地烘托出广告意境的氛围，影响公众的心理，强化品牌或商品的影响力。当然，这个过程也受到不同时代、不同消费群体的文化心理与流行元素的影响。

以上工作结束后，标志着广告创意初步结束，一个相对完整、一体化的初步性创意方案出炉。

第四节　评估阶段

广告创意评价是促使创意方案更趋完善的重要手段，同时为品牌节约资金，避免制作或拍摄出来的广告自说自话。例如，很多品牌会在初版影视广告成型时，在消费终端进行测试，通过消费者对广告的反馈和建议，进一步修改和调整方案，最终输出广告成品投放市场。

在评估阶段，我们要对创意方案进行测试、评价以及修改，在评估过程中要注意以下问题：

一是创意与广告目标是否一致。我们常说广告创意是戴着镣铐起舞。创意活动并不是漫无边际、无拘无束的，而是有着明确的目标和任务，即创意的主题要符合总体营销战略和广告战略。

二是信息传递是否准确，是否有效地传达品牌或产品信息。创意要与品牌及传递的信息紧密联系，要让消费者明白广告传达的内容是什么，要确保信息是故事线的核心或者是整支广告中最有趣的部分，这样才能使品牌或产品信息的感知及记忆程度更加深刻，并能通过广告创意顺利地让消费者联想到相关的品牌、产品或服务。

三是广告是否具有感染力。广告必须具有一种震撼人心的力量，主要分为视觉冲击力和心理冲击力。视觉上，广告通过宏大场面、视听效果吸引消费者眼球，刺激消费者感官。还可以通过一些构思巧妙、洞察人性、具有一定思想深度的情节，给消费者心理情感带来影响力和冲击力，从而对广告和品牌产生深刻印象。

四是广告是否具有说服效果。广告作品应令人心动，具有一种劝服的力量，广告只有渗透到受众的内心世界，促使消费者产生购买兴趣和对品牌的好感，才能够激起受众强烈的消费欲望，变潜在消费为现实消费。

总之，一个有效的广告创意需影响消费者的心理变化，具有新意，准确生动地突出广告主题。同时，也可对照相似的广告创意案例，分析其成功或失败的因素，找出存在的问题和公众的可接受程度，制定出相应的调整对策、修正意见。同时，要获取消费者的心声，深入了解目标消费者对广告创意的理解和评价等，最后把这些结论和对策方案综合起来，形成可执行的广告创意方案。

思考与练习

（1）你如何理解创意概念？

（2）通过优秀案例分析广告创意由创意概念、广告主题到创意表现的创作过程。

表5-1　学习评价

评价内容	评价标准	评价结果（是/否）	分值	得分
学习认知	了解广告创意流程的多种模式		10	
	熟悉广告创意流程的五个基本阶段		10	
效果评测	掌握广告创意基本流程，能针对各种类型、主题进行创意构思		10	
	能探索与思考不同类型的广告设计表现手法		10	
	学会通过广告创意流程，熟悉广告的特性		15	
实践应用	能综合运用广告创意方法进行主题性海报创作		15	
	具备整体把握广告创意流程的应用能力		15	
	实践中具有较强的创意执行能力		15	
合计				

注：评价结果“是”为满分，评价结果“否”为0分，总分值为100分。

综合实训

实训名称：广告创意作品设计（平面广告创意作品或影视广告创意作品）。

实训目的：通过完成完整的平面广告创意作品或影视广告创意作品，掌握广告创意流程，具备整体创意执行能力。

实训步骤：结合实践项目、商业项目或公益广告，确立广告创意与设计理论，完成相应的广告创意设计作品。具体实施步骤：信息开发—资料收集—创意概念的提取—创意主题的确立—创意表达—创意评估与分析。

实训要求：一系列的3幅平面广告方案，或时长为30秒及以上的影视广告创意作品。（见表5-2）。

表5-2 评分标准

评价内容	评价标准	评价结果（是/否）	分值	得分
主题	信息传达准确，突出项目要求、主题以及产品诉求		10	
	内容科学、文明、具有时代气息		10	
创意	广告设计构思有洞察力、独创性		15	
	紧扣主题的前提下突出个人设计风格和原创性		15	
	作品具有时代性、商业性、艺术性、沟通性		15	
技术	能熟练利用所学软件设计并制作作品		15	
	表现手法丰富、图文排版层次清晰		20	
合计				

注：评价结果“是”为满分，评价结果“否”为0分，总分值为100分。

6

第六章

平面广告的创意表现

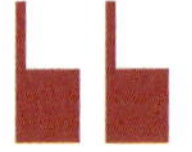

若圣人之道，不用文则已，用则必尚其能者。能者非他，能自树立，不因循者是也。

——唐·韩愈《答刘正夫书》

创意造言，皆不相师。

——唐·李翱《答朱载言书》

谢朝华于已披，启夕秀于未振。

——晋·陆机《文赋》

【学习目标】

知识目标

1. 掌握平面广告创意的表现形式。

2. 掌握平面广告中图形创意与文案创意的常用手法。

技能目标

1. 能针对广告主题进行平面广告的图形创意设计。

2. 能针对广告主题进行文案创作，提炼广告标语。

3. 能根据平面媒体特征展开广告创意执行，设计出风格明确、艺术感强的系列化平面广告作品。

素质目标

通过本章深入学习，锻炼学生的广告创意执行能力，培养学生的综合素养。在平面广告创意作品的设计与鉴赏过程中，掌握形式美法则，培养学生的审美、判断、分析和表述能力。

【情景导入】

平面广告的创意表现与三大视觉元素密切相关，主要包括图形、文字与色彩。其中图形与文案创意是平面广告创意的重要因素。

例如，麦当劳的食品类广告画面中，有如月亮的汉堡，一边被照亮，一边则是黑暗，另外还配有一句简洁的文案：24小时营业。广告巧妙地运用了借物象征的方法，通过模仿月亮的圆缺贴切地传达了麦当劳24小时全天营业的经营方式，将抽象的概念视觉化、图形化。在此，图形、文字与色彩实现了理想的配合，使得画面视觉力度强烈，主题清晰。（图6-1）

本章主要围绕图形与文案两个要素阐述平面广告的创意表现。

图6-1　麦当劳广告24小时营业

第一节　图形的创意表现

图形语言是现代社会中人与人相互交流与沟通的重要视觉语言形式，与文字语言相比，图形语言更形象、直观与具体，同时也更具有世界意义。任何国家、民族通过图形语言的直观表达，互相有了沟通。有了沟通，思维也超越了国界、地域和民族并产生共鸣。图形是平面广告设计的重要元素之一。图形作为视觉传达信息的交流媒介，重点是遵从广告的主题进行创新，目的是增强广告本身的可看性，同时让广告的核心思想更为明确。图形在平面广告中发挥着信息传达和情感交流的作用，因此，图形创意为广告作品赋予了新的生命。

一、平面广告设计中图形创意的特点

优秀的广告作品都能够以自己独特的图形语言形式，准确清晰地表达设计的要点，并以最简洁有效的元素来表达富有深刻内涵的主题，只需看图形便能使观者迅速理解设计者的意图。平面广告设计中的图形创意既要简单又要富有新意：简单，可以让观者在短时间内了解一定的信息；富有新意，可以吸引观者的注意，调动观者的思维，使其对作品有所理解和记忆，这是创意的基本要求。图形作品的好坏取决于创意的优劣，创意的优劣又直接影响到信息传播的有效程度。

（一）诉求的简约性

图形语言是最易识别和记忆的信息载体。图形必须简单明了，诉求单一，形象鲜明，让观者短时间内便能理解其所传达的意思。视而可识，察而见意，既能抓住观者的视线，又能让观者“读”懂创意的内涵并理解和认同。（图6-2）

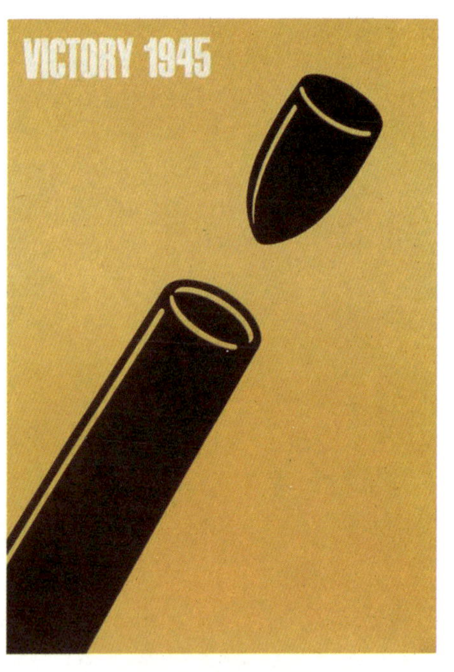

图6-2　以“和平”为主题的招贴设计　通过简洁的图形语言精确地表达了主题。

（二）信息的传达性

图形是一种象征表现的语言，不管图形是直接表现对象还是间接表现对象，都必须有效保证视觉信息充分准确地传播产品信息和主题，能够准确传达广告的主题，还能使观者更易于接受和理解广告的“看读效果”。由于这是以人的视觉经验为基础，所以同时要顾及受众的理解程度和接受程度。

（三）创意的新奇性

构思上，图形创意视角独到，立意精巧，既要说明问题，又要寓意深刻。新奇性主要凸显广告设计的个性化特征，这种新奇性不但体现在设计者自身的创意与想法中，还具有新颖性和唯一性，满足受众的好奇心。例如独特甚至荒诞、别出心裁的假意联想，违背常规思维以及幻想的形式，借鉴比喻、幽默、夸张等手法形成的联想。（图6-3）

图6-3　Fundação S.O.S Mata Atlântica（马塔大西洋基金会）平面广告设计

（四）画面的趣味性

图形所表现的趣味性越强，越能够吸引人的注意。如通过拟人化将一些无生命特征的事物人格化，或为动植物和物体赋予人类的性格与动作。拟人图形以诙谐、风趣、夸张、变形的手法表现幽默感背后的深刻内涵，使创意更具人性化，更易理解，富有亲切感，有利于信息传达。（图6-4至图6-7）

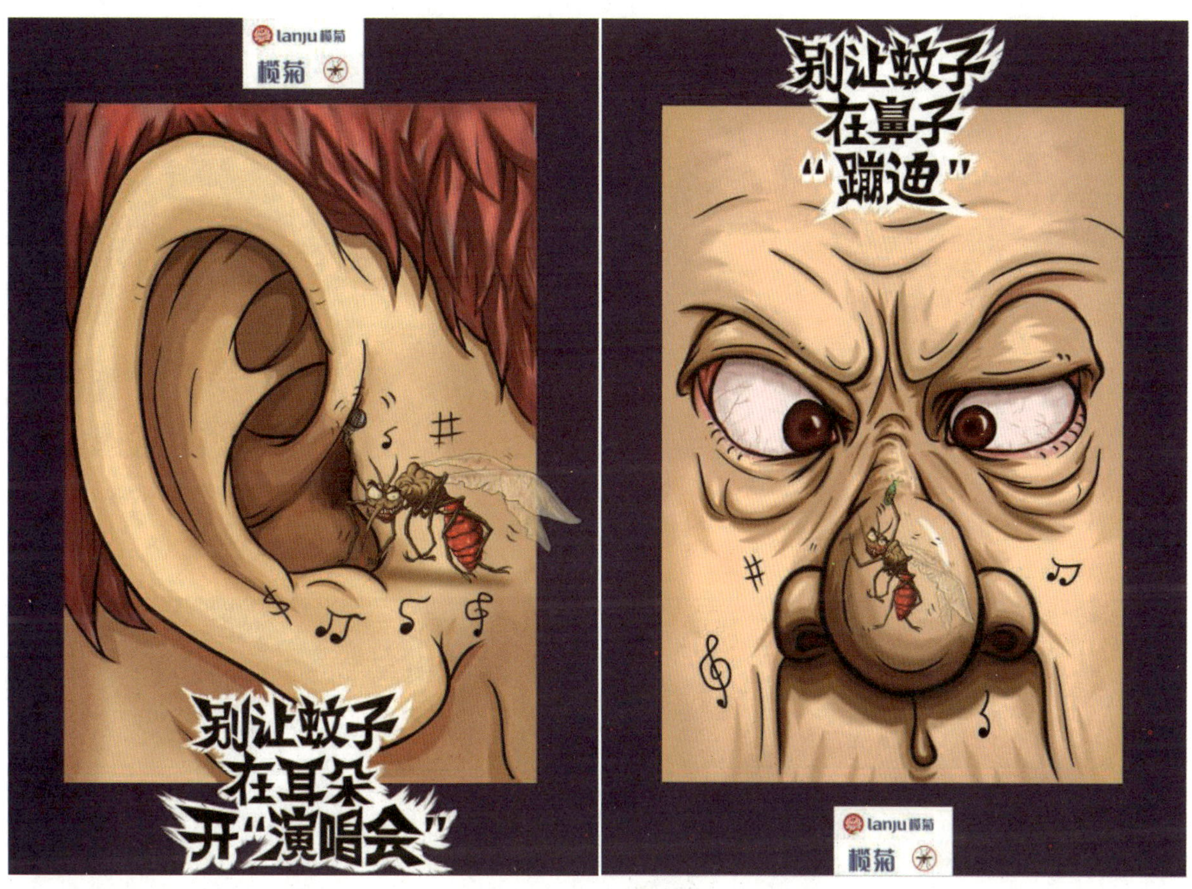

图6-4　"别让蚊子"系列　广告运用了夸张、拟人的手法描绘了蚊子在脸上、耳朵边肆意妄为，让人痛苦不堪，难以入睡，引起观者的共鸣，从而意识到产品的重要性。

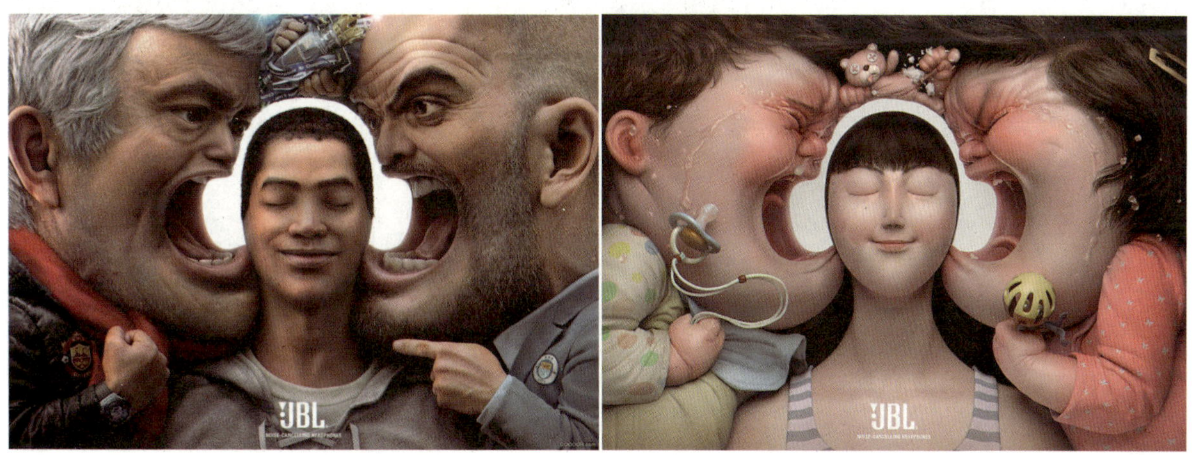

图6-5　JBL耳机广告　运用夸张的人物表现及构图，突出产品的功能特征。

图6-6　麦当劳平面广告　主题是迎接即将回到学校的孩子们。广告的创意是结合麦当劳的经典配色，将巨无霸和薯条变成书包和文具。广告创意地使用生活中的元素，用贴切的比喻形成有趣且直观的创意组合。

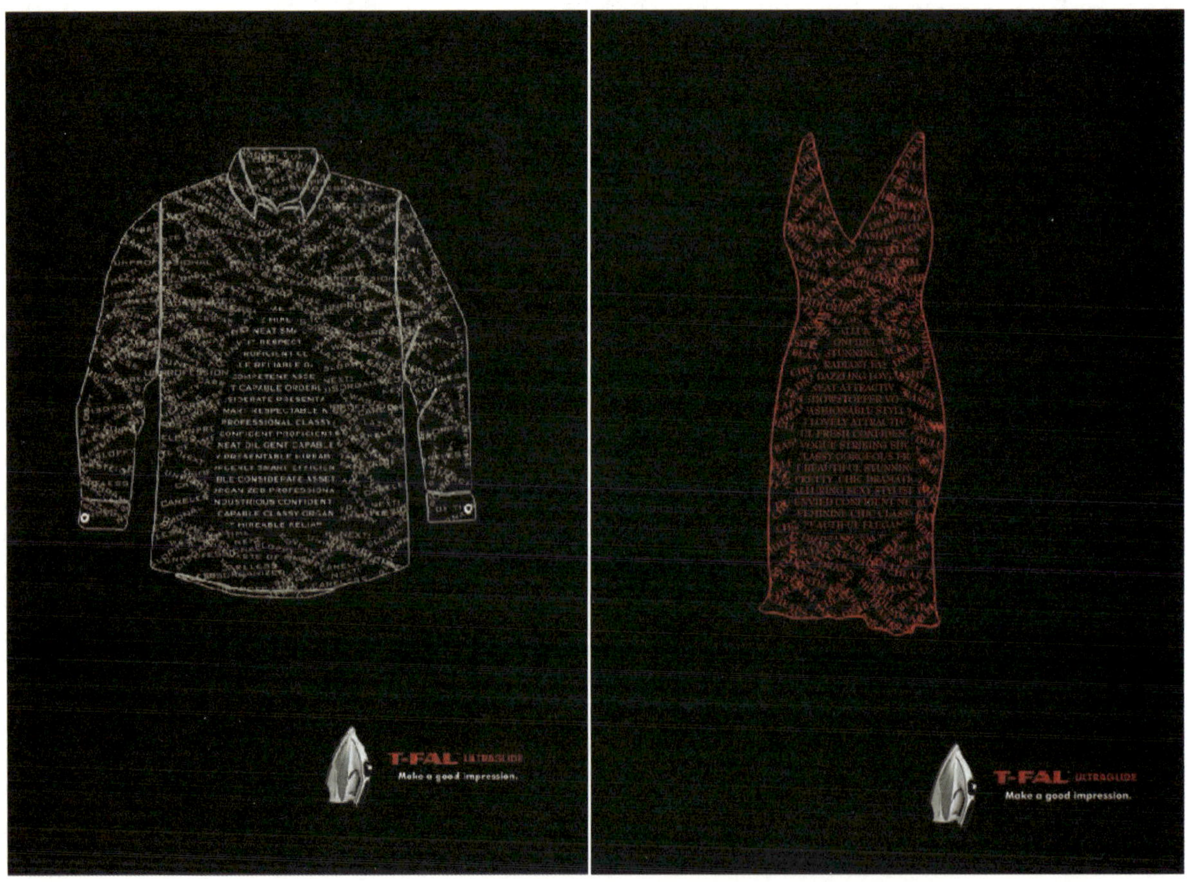

图6-7　熨斗广告　主题是表现熨斗的功能。将熨斗的外形与由字母组成的衣服相结合，有趣且直观地展示了产品的功能。

二、平面广告设计中图形创意的表现手法

（一）同构手法

在图形创意中最常用的手法是将现实中相关或不相关的元素形态进行组合，以会意的方式将元素的象征意义交叉组成复合性的传达意念。这种组合不是简单的相加、罗列，而是以同构手法整合成一个统一空间关系中的新元素、新组合。这是一种创新的组合，存在共同的特点或相似的元素，并按照一定逻辑进行设计。同构手法经常被广告创意人员运用。（图6-8—图6-10）

（二）解构手法

图形的解构就是把有关的素材加以分解、重构。解构有如裁剪，素材只有经过解构，才能整合成新的形象。物象只有通过解构，才能获得多种不同的表现素材，引出截然不同的表现画面，得到意想不到的表现效果。解构不是简单的分割，更多的是对原物象特征的提炼和强调。解构

图6-8　奇特的视觉图形之同构与元素替代

图6-9　啤酒广告　将张大的嘴和啤酒杯进行组合，从视觉上看具有合理性，而从主观经验上看又是非现实存在的。

图6-10
霸王海报设计《扣住》 作品将头发和帽子进行同构组合，体现了产品的卖点。

图6-11
Jeep广告 作品将产品进行分解，只保留品牌和产品标志性部分，并进行创意重组，体现了品牌精神和理念。

图6-12
饮料广告 作品通过对事物切割后组成我们熟悉或认知的形态，使图形作品无论在形式上还是内容上，均能产生刺激、新奇等意想不到的效果。

图6-10

图6-11

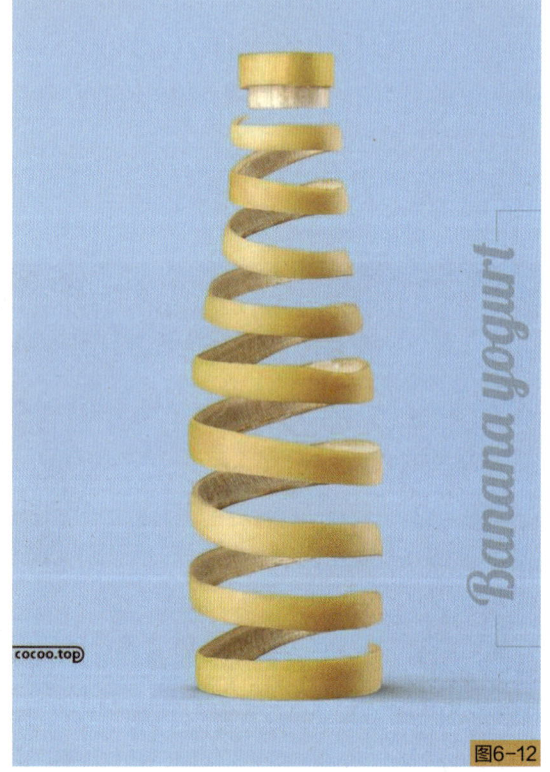

图6-12

的重点不在于分解，而在于如何重新选择和组合。（图6-11、图6-12）

（三）置换手法

置换图形是在形态上保持着原有图形的基本特征，并用其他类似的形状去替换原物形中的某一部分，它是利用形的相似性和意义上的相异性创造出具有新意的形象。即使物形中的结构关系不改变，组合后的图形面貌也因“形”的替换带来“义”的升华而焕然一新。在创意表现时常用的办法是把一个物体的某一部分移植到另一个物体上，或者将一个物体的整体移植到另一个物体的某个部分上。采用局部的形或整体的形作为替换物，被替换的原物形只是部分替换。在图形置换时要注意寻找图形甲与图形乙之间在功能上的联系和形状上的近似。（图6–13、图6–14）

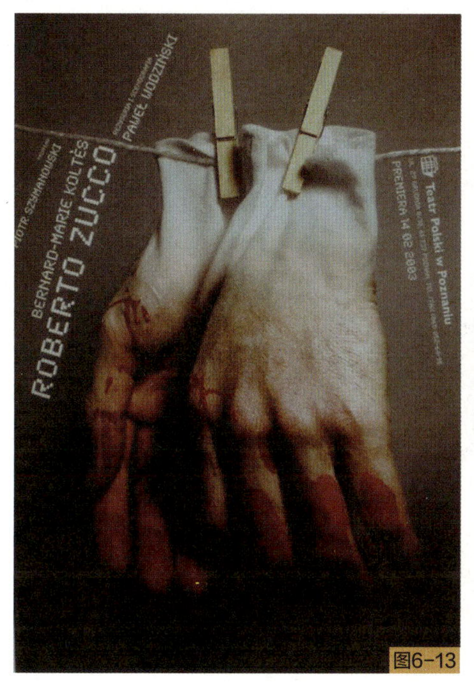

图6–13

图6–14

图6–13
置换手法的广告创意极具视觉冲击力。

图6–14
置换手法的广告设计《法兰克福爵士音乐》将小号造型作为主体，置换以树木的肌理，小号成为枯老的树枝，长出的嫩枝，如同新生代爵士从传统乐器的生命中延续而来。

（四）异变手法

渐变、演化是任何一个系统和一种生命体的必经过程。图形表现时，会利用物形向另一物形的转变关系来传递由此产生的意义。一种物形有规律地、有次序地、自然地转变成另一种物形，如此美妙的转变使两个不相关的物质产生联系，从而营造出一种新视觉。自然界植物的演化过程有从绿芽到森林，生物（命）体的演化过程有从猿到人，而表现在图形创意上则是一个图形到另一个图形的演变过程，这种演变过程叫作异变手法。（图6–15、图6–16）

图6–15

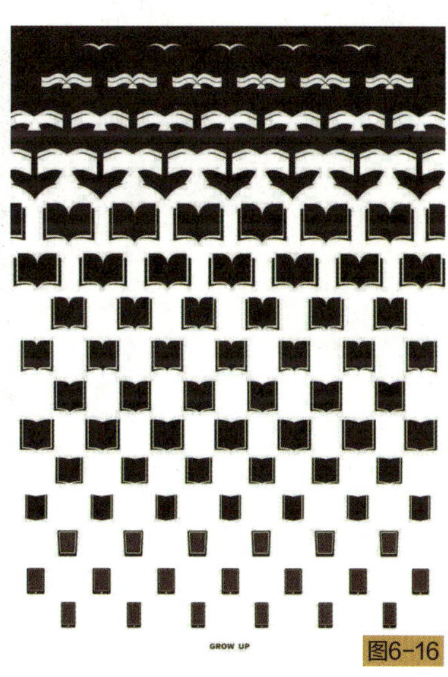

图6–16

图6–15
《天与水》

图6–16
2021台湾国际平面设计奖　信息化时代，人们手机不离手，作品通过从手机到书、海鸥的有节奏的渐变和演化，呼吁人们“读万卷书，行万里路”。

（五）互悖手法

互悖就是互相矛盾。这种图形是利用人眼的错觉和透视上的错误产生的，利用视点的转换和交替，表现客观世界中无法存在的幻象，造成画面内容互相矛盾。现实生活中不可能出现的荒谬景象。（图6-17、图6-18）

图6-17　矛盾空间荒谬景象

图6-18　视错觉图形　图形中的视错觉往往是由矛盾空间来表现的。这类图形利用人的视错觉，通过违背正常的透视规律和空间观念，创造出奇幻的画面，吸引消费者的眼球。

（六）混维手法

混维是指将二维形象与三维形象混淆起来，或者使事物由二维空间向三维空间延伸，组合成一种奇异的景象，产生更深刻、更含蓄的意义，并且在视觉上给人新颖的感受。（图6-19至图6-21）

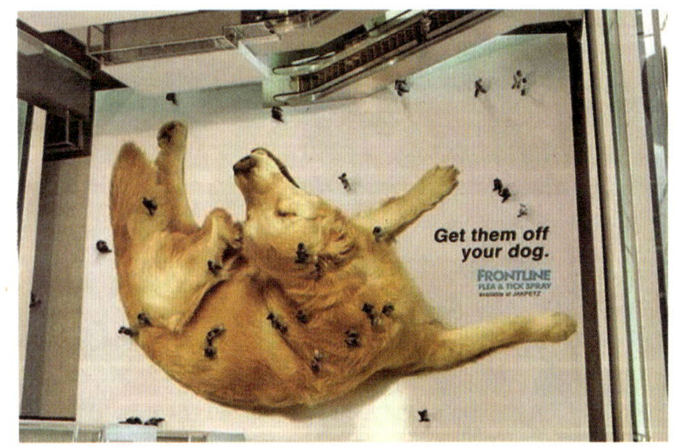

图6-19　宠物喷雾器广告　广告标语是“把它们从狗狗身上拿开”。印尼的宠物商场推出了巨大的地板贴纸广告，海报仅展示了一只在挠痒的金毛狗，从楼上俯视，在大厅进出的行人犹如狗身上的跳蚤。广告巧妙地利用混维手法，将现实三维空间与二维平面图形进行互动式结合。

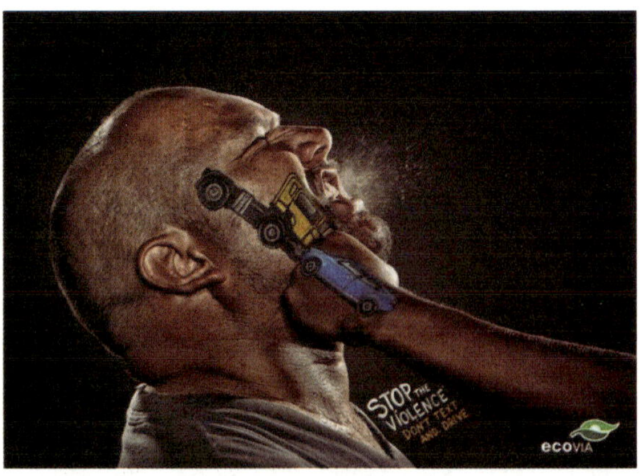

图6-20　公益广告《开车请勿发短信》　采用三维立体空间与二维平面图形进行创意组合。

图6-21 电梯里的宣传海报 电梯关门时的效果和开门时的效果，通过现实三维空间与二维画面进行互动的交互广告。

第二节 文案的创意表现

文案创意最重要的莫过于广告标语，广告标语虽然没有固定的创作模式，但还是有一些常用且效果良好的方法。这些方法往往具有精练简洁、易念易记、感召力强、意境深远、亲和力强等特点。下面介绍一些常见的广告标语创作方法，对提高创作技巧而言是非常有益的。

一、口语法

口语法是运用适合体现商品特点和宣传主题的口头表达语言做广告标语的方法。这种标语来自公众的日常生活，往往既容易产生共鸣，又便于记忆，因此宣传作用较强。例如：雀巢咖啡的标语是“味道好极了！”。

二、提问法

提问法的独特性在于通过问题引发受众思考，从而加强受众对产品的印象，实现信息传播的有效性。如联想广告“明天将发生什么”。（图6-22）

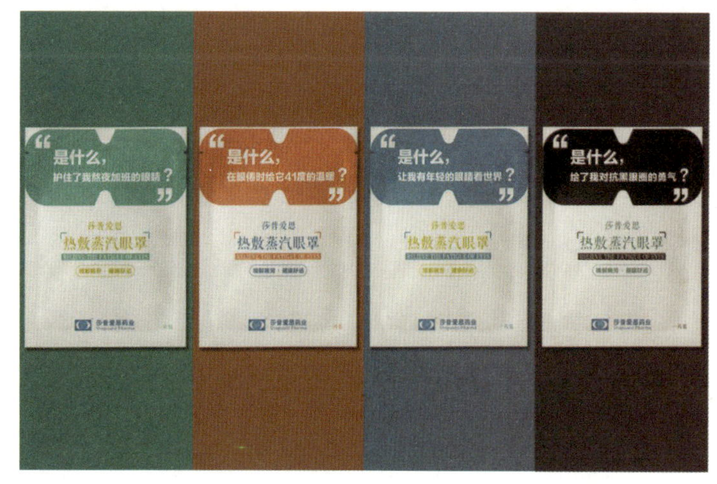

图6-22 “莎普爱思！” 广告标语采用提问法，突出了产品的卖点。

三、押韵法

押韵具有语言组织上的美感，这种美感同样能引发受众在阅读或者聆听上的共鸣。中国诗歌创作具有独特的魅力，押韵就是其重要的实现手段。押韵法用于广告用语的表达，具有同样的意义。如："康师傅方便面，好吃看得见"中的"面"和"见"，"维维豆奶，欢乐开怀"中的"奶"和"怀"，"头屑去无踪，秀发更出众"中的"踪"与"众"等。押韵法便于记忆，强化印象。（图6-23）

图6-23 《京东便利店，满足你一切心愿》 广告标语采用押韵法，朗朗上口。

四、夸张法

夸张的目的在于适当夸大或者缩小宣传内容中的某个特殊信息点，达到引起公众注意的效果。但此方法有一个前提，即不能影响所宣传产品内容的真实性。一旦夸张法损害了真实性，产生误导公众的视听效果，就违背了夸张法的初衷。优秀的案例如：饮料广告"震撼全球的感觉"，酒广告"何以解忧，唯有杜康"。

五、比喻法

比喻法主要通过关联双方的某种相似性（这种相似性往往非常形象，和比喻对象很贴切），使读者觉得这类语言富有哲理性，并将深刻的哲理寓于朴素之中。例如，童鞋"像妈妈的手一样柔软"、风扇"清风大人驾到"等。

六、双关法

一语双关是一种特殊的修辞手法，这种手法能借助一个词语或者句子同时表达两层意思。例如，保险公司的标语"保险没问题"中，"保险"一词既指所宣传的保险本身，也指能够保证客户的诉求受到保护。又如丰胸广告"做女人挺好"等。（图6-24）

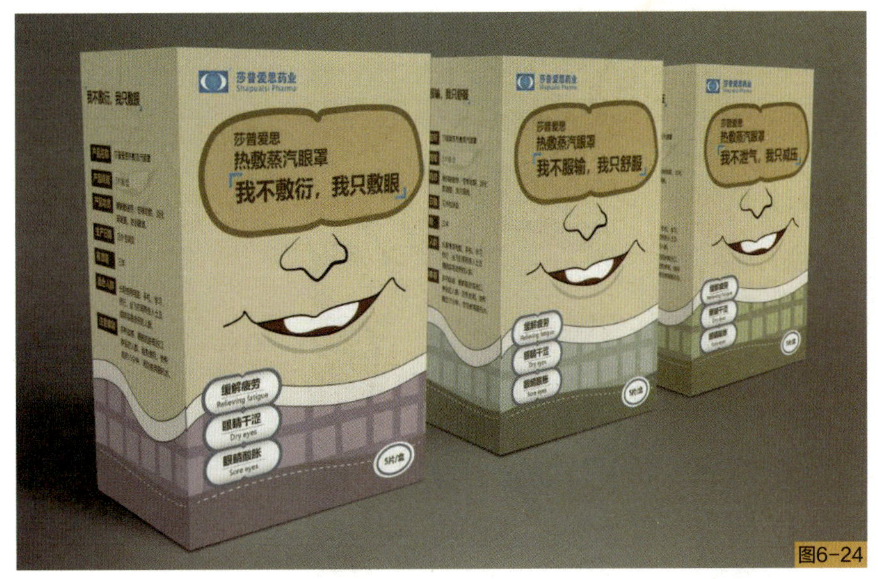

图6-24　《拒绝负能量，只因我年轻》　广告文案运用了"敷衍""服输""泄气"这些年轻人容易产生共鸣的负能量词汇。"敷衍"与"敷眼"、"服输"与"舒服"、"泄气"与"减压"的对比运用，更能突出"用年轻的、健康的眼睛看世界"这一的品牌形象。

七、反问法

"反问法"有点类似于"提问法"，但相比之下，"反问法"在吸引受众的注意力方面更强。反问句式显然比一般陈述句更能达到理想的效果。如：联想电脑"人类失去联想，世界将会怎样？"，用这反问的策略，受众不得不被引入某种语言情境逻辑，对产品的关注度和兴趣度都会相应提升。

八、回环法

"回环法"是一种趣味性的标语组织方法，把两个小句合成一个整句，把两个小句中的一个词颠倒顺序，放入整句中，形成一种相互照应，既有趣味性，又能起到强化作用。例如：平安保险的"中国平安，平安中国"，中国移动通信公司的"全球通，通全球"等。

九、演化法（或仿词法）

"演化法"通过把大众所熟悉的词语进行局部调整，更换成某些和宣传内容相关的词，以突出产品的品牌或者性能。这种方法的策略在于借助大众的熟悉度，调动大众的兴趣，再加上所采用的词语可以是文学价值较高的诗句、具有哲理性的谚语，或是顺口溜、流行歌词等，促使大众进入美好的联想状态，自然能产生良好的效果。例如：房地产广告中的"屋（货）比三家"，把"货"换成"屋"，属于借助成语来实现的案例；具有自动除霜功能的电冰箱，"此处无霜（声）胜有霜（声）"，把"声"换成"霜"，属于借助诗歌实现的案例。（图6-25）

十、谐音法

这种方法的特点是趣味性、巧妙性、自然性，通过谐音的处理，受众的记忆与熟悉的俗语关联，达到增强印象的目的。具体处理时，需要将同音或近音字代替原句中的某个字，或者某几个字。例如：炸鸡广告中的"'鸡'不可失"，药品广告中的"'咳'不容缓"等。（图6-26至图6-28）

图6-25

图6-26

图6-27

图6-25
《蓦然回首，那蚊却在挺秀鼻头处》　广告标语采用仿词法进行创作，以唤起消费者的记忆和注意。

图6-26
周黑鸭海报设计　广告标语采用谐音法，结合产品名称进行创意。

图6-27
娃哈哈饮料海报设计　广告标语采用谐音法，结合品牌名称进行创作，突出趣味性。

图6-28

学院奖获奖作品《经期的暖泉》　广告标题采用谐音法，将广告标语与品牌名称进行创作，让人觉得温暖的同时记住了产品名称。

十一、数据法

这种方法的特点是通过科学的、具体的、归纳的数据，增强受众的记忆及可信度。具体处理时，需在文案中插入具体的数据，利用参照物持续放大价值，让受众印象深刻。例如：“充电5分钟，通话2小时”“1块钱试听8次课”“香飘飘奶茶一年卖出三亿多杯，能环绕地球一圈，连续七年，全国销量领先”，以及乐百氏纯净水“27层净化”等。

十二、思考与练习

（1）平面广告设计中的图形创意与文案创意有哪些手法？

（2）平面广告设计的基本原则是什么？

表6-1　学习评价

评价内容	评价标准	评价结果（是/否）	分值	得分
学习认知	平面广告创意的表现形式		10	
	图形创意的表现手法		10	
	文案创意的表现手法		10	
效果评测	对平面广告中图形创意表现的理解		10	
	对平面广告中文案创意表现的理解		10	
	平面广告整体创意表现效果的理解		10	
实践应用	图形创意在平面广告设计实践中的应用		10	
	文案创意在平面广告设计实践中的应用		15	
	根据平面媒介特征展开广告创意设计		15	
合计				

注：评价结果“是”为满分，评价结果“否”为0分，总分值为100分。

综合实训

实训名称：平面广告作品设计。

实训目的：通过完成平面广告创意作品，掌握图形创意能力和文案创作能力，具备整体创意执行能力。

实训步骤：以优秀广告创意案例为执行榜样，联系广告创意与设计中有关图形创意和文案创意的手法，自选主题进行平面广告作品设计。其中要有图形创意设计和文案创作，特别是广告标语的提炼。最后进行图文版式的编排。

实训要求：一系列的3幅平面广告作品，体现图形、文字、色彩的表现力及图文版式的编排能力。（见表6-2）

表6-2 评分标准

评价内容	评价标准	评价结果（是/否）	分值	得分
主题	信息传达准确，突出项目要求、主题以及产品诉求		10	
	内容科学、文明、具有时代气息		10	
创意	图形创意具有视觉冲击力，具有传达性、新奇性、趣味性		20	
	文案创意能紧扣主题，文案精练简洁、易念易记、感召力强、意境深远、亲和力强、原创性强等		20	
	作品具有时代性、商业性、艺术性、沟通性		15	
技术	能熟练利用所学软件设计并制作广告作品		15	
	表现手法丰富，图文排版层次清晰		10	
合计				

注：评价结果“是”为满分，评价结果“否”为0分，总分值为100分。

7

第七章

影视广告的创意表现

同是不满于现状，但打破现状的手段却不同：一是革新，一是复古。

——鲁迅

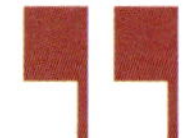

【学习目标】

知识目标

1. 掌握影视广告的创意要旨。

2. 理解广告诉求的概念。

3. 掌握广告诉求中的感性诉求和理性诉求的主要表达手法。

4. 掌握广告文案、广告声音的创意表现形式和手法。

技能目标

1. 能够在影视广告创作时熟练运用创意联想的主要方法：类似联想、对比联想、因果联想。

2. 能够进行影视广告设计中的文案写作：标题、正文、广告标语。

3. 能够进行影视广告中人声、音乐、音响的设计。

素质目标

1. 形成创意思维。

2. 合理表达诉求。

3. 提升职业素养。

【情景导入】

《一触即发》《老男孩》《酸甜苦辣》，这些广告都借助电影的表达方式，将产品信息融入故事之中，深入地展示、渗透与推广品牌形象和理念，达到“润物细无声”的宣传效果，深受消费者的喜欢。影视广告就此开创了新的发展道路和方式。本章将就影视广告的创意要旨、影视广告的诉求、影视广告创意联想方法、影视广告文案与声音设计、微电影广告等内容做详细叙述。

第一节　影视广告的创意要旨

继报纸杂志、广播广告后，影视成为传播媒体新的重要一员。影视以其独特的媒介特征和传播优势迅速发展，一经出现，便获得广告商的关注和青睐，成为重要的广告投放媒介。2020年4月28日中国互联网络信息中心（CNNIC）发布第45次《中国互联网络发展状况统计报告》显示，“截至2020年3月，我国网络视频（含短视频）用户规模达8.5亿，较2018年年底增长1.26亿，占整体网民的94.1%”。可见影视对当今人们生活的影响之大，同样我们也可以充分利用这一影响，更好地进行影视广告的传播。

一、影视广告的传播优势

不同媒介有着不同的传播优势，影视广告媒介亦是如此。

（一）覆盖面广，收视率高

作为一个家庭观念强的人口大国，晚饭后一家人围在一起看电视是许多家庭的习惯，加上影视信号覆盖面广，信息传送和接收比较方便，所以影视的收视率比较高。

（二）视听结合，内容丰富，感染力强

与书籍、报纸等传统媒介相比，影视所传播的内容更丰富，既有图像、文字等视觉符号，又有音效（音乐、人声等）听觉符号以进行信息的传播。同时，影视作为综合媒介，其内容和表现手段丰富，各种艺术手法都能通过影视进行信息传达，视听结合下的影视媒介有着比传统媒介更强的感染力和表现力，更能调动人的情绪。

（三）传播迅速，时空不受限

依靠电波传送信号的影视媒介，其传播速度非常迅速，能做到现场直播，不受时间和空间的限制；同时观众可以通过影视媒介收看世界各地的各种视听信息，不受空间的限制。

二、影视广告的创意要旨

创作影视广告时，想要充分发挥电影、电视、网络等媒介的优势，创作出适合受众审美的影视广告，应注意其创意要旨。

影视广告创意的作用包括：引发受众的好奇心；突出商品的特点，深化广告信息内涵；增强广告的表现力，丰富受众的审美体验。其主要创意要旨如下：

（一）符合产品或品牌的调性

我们创作一则影视广告，需要分析该产品或品牌的特征和属性，了解其竞争对手的产品特征，熟悉曾用广告的表达内容和形式。影视广告的创意要从产品的属性出发，要在广告中体现产品的特性，广告的创意表现要符合产品或品牌的调性。

假设我们创作一则商品名称为“翠湖”的矿泉水影视广告，就需从该矿泉水的特点出发，研究其产地的环境、水质、生产工艺和其他品牌水的定位，寻找该产品独特的诉求点，创作出体现“天然、纯净、有益健康”产品特点的影视广告。

不同品牌的纯净水、矿泉水在表达诉求时往往采用不同的内容和表现形式，使自己的产品明显区别于其他品牌。

一是通过理性诉求的方式表现水的生产工艺。如乐百氏纯净水广告，广告表现了一滴水经过层层过滤而最终成为乐百氏纯净水的过程，将“27层净化”以直观、惊人的方式传递给观众，给予观众“安全、卫生、健康”的心理感受。

二是通过强调水源地的方式来表现水质。饮用水的广告往往通过强调水源地来表达广告诉求，如康师傅涵养泉新标上市，广告标语“大自然的馈赠”就强调了“天然、健康”的理念。

三是运用感性诉求的方式表现健康、有活力的形象。比如依云矿泉水，通过婴儿、成人转变成儿童等形象，结合动听的音乐和丰富的画面，表达了依云矿泉水“活出年轻”的品牌理念。“活出年轻”不是指年龄，而是一种心态与个性表达，包括机体感官和精神层面的追求。

（二）符合目标消费者的个性需求

随着经济的发展，人们生活水平显著提高，消费者的心理需求层次在不断地提升，个性化的消费越来越被人们喜欢。消费者对个性化产品和具有独特价值表现的商品的追求促使商品越来越细分。消费者对商品个性化的需求主要体现在：产品外观的个性化、使用体验的个性化、价值观的个性化。

在这种情况下，影视广告需要随着时代发展而转变，电影广告亦需要个性化发展。作为商业广告，影视广告需要迎合消费者的个性化心理需求，力求在广告创意或制作上体现消费者个性需求和欣赏品位的内容与形式。

比如在泰国香水品牌Cute Press发布的视频广告*Not Just Another Fairy Tale*。广告内容改写于我们熟知的《灰姑娘》和《白雪公主》，故事改写后，剧情发生巨大反转，公主们不再像童话中那样温顺，而是有着自己的主张和个性。在《白雪公主》中，当化身为老奶奶的皇后将毒苹果递给白雪公主吃时，白雪公主表示：“谁会吃打扮得奇奇怪怪的人给的东西呢，一点都不合理。”旁边的王子、七个小矮人劝说：“你不吃故事怎么演下去？”这时，白雪公主说：“嗯……让王子吃。”王子接着说：“等一下，你还不太明白，这本书里的每个童话故事中，王子都是非常安全的。”故事的最后，王子“代替”白雪公主吃下毒苹果。（图7-1）

这则广告中，品牌想要表达的是，如今的女孩不再想做白雪公主，她们更想做自己。她们不再像童话故事里的角色那样天真，而是自己书写属于自己的故事。Cute Press将当代女性性格独立的特点与品牌产品、品牌调性相结合，表达了“I'm just me”的观念。

这则广告为何会受到消费者喜爱？首先，广告打破了固有思维和规则，灰姑娘不一定喜欢水晶鞋，

图7-1 泰国香水品牌Cute Press的视频广告*Not Just Another Fairy Tale*（优酷网视频截图）

处在危险中的不一定是白雪公主，可能是王子。广告内容的无厘头和剧情的反转感，吸引着观众的眼球；同时，品牌定位和“做自己”的女性价值观结合。其次，广告内容直接，剧情有趣，笑点非常明显，通过剧情铺垫，用转折引出高潮。最后，广告点出与产品的联系，出其不意地用反套路的表达形式引起观众的共鸣。

（三）有较强的视听感受

在信息爆炸的时代，大家都在努力吸引消费者的注意力。在一个商品同质化的时代，在一个媒体信息满天飞的时代，只有抓住个性，用相当醒目的表达方式，才能在众多同类产品中脱颖而出。而且经过历史积累，广告的运作方式、创意手法相当丰富，因此，在产品水平相差不大的情况下，只有具备视听感受强的广告，才能获得受众的关注，并实现进一步的了解或购买。

在影视广告创作中，一定要注意提高广告的视觉冲击力。提高广告视觉冲击力的方法有创新议题，就是利用广告创意概念或者广告创意表现来提升广告的吸引力。比如，选择形象特别的广告模特、别致的广告场景，设置特别的广告情节，选择创新的广告表现形式等。

比如日本资生堂的广告《“女子”高中》。广告一开始是一位女老师在外面等待，接着引导观众走进教室，教室里坐着一群美丽可爱的女高中生；镜头一直在学生之间流转，每个学生看起来都很漂亮，甚至有眨眼等表情，让人心动；最后画面定格在一个女生身上，然后，女生开始卸妆，变成了一个男孩子！转眼间，包括老师在内，所有人都恢复了男性形象。资生堂用这样的方式来告诉女性观众：即使是男孩用我们的化妆品，一样可以变得可爱、漂亮，所以作为女性的你，为何不来试试呢？这则广告就巧妙地选择了形象特别的广告模特——男扮女装，以特别的广告情节设置来吸引观众。（图7-2）

图7-2 日本资生堂广告《“女子”高中》（优酷网视频截图）

（四）有较高的理解度

在影视广告的创作中，原则上我们不会去挑战观众的理解力，不会采用晦涩、难懂的广告来宣传商品。相反，我们会选择创作相对容易理解的广告。理解度高的广告，不仅能帮助广告克服影视媒介播放的特性，而且能节约广告投放所需的费用。

为了提高影视广告的理解度，我们在创作影视广告时，诉求点要尽量简化，确定单一的诉求点。由于单个影视广告的播放时间短，广告播放量大，且多个广告连续播放，再加上影视广告本身转瞬即逝的特点，因此，为了更有效地传达广告信息，提高观众对广告的关注度和记忆度，在影视广告创作时，要准确地找到广告的单一诉求点。比如潘婷洗发水广告，作为一个主打修护损伤的洗发水品牌，一直以来，它的广告都以“保护秀发健康，提供秀发最完美的呵护”为原则，通过拉扯头发等方式，诠释了潘婷“‘韧’性美丽”的主题。

三、思考与练习

（1）影视媒介的传播优势有哪些？

（2）影视广告的创意要旨有哪些？

第二节　影视广告的创意与广告诉求

当我们面对日益丰富多彩及风格形式和内容不同的广告时，有时候会被广告迷惑，不知道该广告想要表达什么。这是因为有些广告只是一种品牌记忆的宣传，有些广告只是让你知道有这个商品，而真正达到广告的目的和作用，需要在广告创意表达时，在内容和形式上清晰地表达出广告的诉求。

一、广告诉求

什么是广告诉求？广告诉求是用来吸引消费者的注意力，并试图影响受众对产品、服务理念的态度与情感的广告表达方式和所要强调的内容，俗称“卖点”。它体现了一则广告的宣传策略，往往是广告成败关键之所在。广告诉求的选定是否得当直接影响广告宣传效果，准确的广告诉求会使观众产生强烈的吸引力，激发消费欲望，从而促使其产生购买商品的行为。

比如我们经常在电视上看到的脑白金广告，其诉求理念是使观众认可并接受“脑白金是可以作为礼品，适合年轻人送给老年人的保健品”这一概念。所以，脑白金的广告诉求点有：①脑白金是保健品；②适合送礼；③适合老年人使用；④适合过年过节送礼。经过持续二十余年的地毯式广告轰炸，脑白金的业绩相当好。这也说明了其广告诉求的准确性。

二、广告诉求的分类和创意表达

广告诉求从性质上可分为理性诉求和感性诉求。

理性诉求广告向消费者“推介产品”，诉诸目标受众的理性思维，使受众能够对产品的价格、质量、特质、功能等有一个清楚的了解，从而决定是否购买。感性诉求广告主要诉诸消费者的感性思维，通过亲情、人心、情感、心理等“以情动人”的情感体验，使消费者产生有利于该产品、服务、理念的情感与态度。当然还有两者结合的诉求策略，即以理性诉求传达信息，以感性诉求激发受众的情感，从而达到最佳的广告效果。

（一）理性诉求

我们先来看理性诉求广告，如奔驰Smart Fortwo汽车的影视广告就是很典型的理性诉求广告。广告通过调侃的方式表现了奔驰Smart Fortwo汽车在各种复杂地形下的行驶过程和状态，表现了奔驰Smart Fortwo不擅长去户外爬山、越坡、涉水，最后通过表现它在城市狭窄的停车空间中完美的停车过程，表现出奔驰Smart Fortwo是“终极城市汽车、城市里的越野车”的特性。（图7-3）

同样是汽车广告，沃尔沃卡车广告《尚格·云顿一字马》则另辟蹊径，广告以理性诉求的方式表现沃尔沃卡车的稳定性和精密性。在广告中，两辆并行的卡车缓慢地倒车，好莱坞影星尚格·云顿则稳如泰山般站立在两车的后视镜上，随着车辆的逐渐后退及分开，尚格·云顿的身体姿态由站立逐渐变成了一字马。整个广告没有多余的动作和过程，卡车的倒车和尚格·云顿的一字马相协调，尚格·云顿没有因为卡

图7-3　奔驰Smart Fortwo汽车广告（优酷网视频截图）

图7-4　沃尔沃卡车广告《尚格·云顿一字马》（优酷网视频截图）

车的倒车而出现身体姿势不稳等情况，由此，广告以很理性的方式和内容呈现了商品的特性。（图7-4）

（二）感性诉求

很多品牌为了与消费者建立良好的心理和情感交流，会选择情感营销作为广告的主打方式，使消费者对品牌产生好感。随着这种情感的不断渗透和强化，消费者对品牌的好感会逐渐转化为对品牌的信赖和偏爱，从而理解品牌的文化和内涵。相较于其他营销模式，情感营销所带来的效果更持久，而且在后期营销过程中根据消费者的心理特点，不断渗透、深化情感诉求，可以获取一大批忠实的消费群体。

我们先以雕牌系列产品的广告策略举例。雕牌广告就经历了一个从理性诉求向感性诉求的转变。初期，雕牌洗衣粉以质优价廉为卖点，广告标语“只买对的，不买贵的”暗示其实惠的价格，以求在竞争激烈的洗涤用品市场突围。而其后一系列关爱亲人、关注社会问题的广告，深深地打动了消费者的心，如广告标语“妈妈，我能帮你干活了”，在雕牌关注社会问题的感性诉求广告中出现。这是一个关于下岗工人家庭的感人故事，变得懂事的孩子，母亲下岗后找工作的艰辛劳苦，整则广告都融入了浓浓的亲情，让人身临其境，情到深处自然浓，母子相依为命的感觉感人肺腑。广告通过关注下岗职工这一社会弱势群体，摆脱了以往日化用品广告强调功能效果差异等品牌区分，使消费者产生深刻的感情震撼，建立起贴近人性的品牌形象，对当时下岗工人这一群体的心灵震撼无疑是非常强烈的。广告取得了良好效果，其相关产品连续稳居全国销量前列。通过雕牌产品的广告策略改变，我们可以看出：要使广告深入人心，诉诸人的情感是一种有效的方式，感性诉求更能震撼人心。（图7-5）

图7-5　雕牌洗衣粉广告《懂事篇》（土豆网视频截图）

台湾奥美广告公司为大众银行制作的系列广告《不平凡的平凡大众》，是非常经典的感性诉求广告，自播出以来，一直被广告界讨论、模仿、借鉴，成为广告案例经典，帮助大众银行从认知度不高的银行变成家喻户晓的金融机构。大众银行系列广告的故事创意都取自创意总监胡湘云亲自搜集的台湾真实故事，胡湘云将其改编成系列广告《不平凡的平凡大众》，分为“梦骑士”“母亲的勇气”“马校长的合唱团”“生命树”四个篇章，分别讲述了“梦”“坚韧、勇气、爱”“关注、陪伴、相信”“相信”的主题。我们以“梦骑士”为例分析其广告诉求。（图7-6）

2007年11月13日，在弘道老人福利基金会的推动下，平均年龄81岁的17位老人，开始了为期13天的骑摩托车环岛壮举。他们从台中出发，一路往南行经台南、高雄、屏东、台东、花莲、宜兰、台北，再回到台中，总路程长达1178千米！17位老人，2位曾患癌症，4位戴助听器，5位患有高血压，历经险峻的山路，但他们都一一克服困难，用无惧的心和热血行动完成了在旁人眼中“不可能的梦想”。画面最后，5位老人来到年轻时候合影过的海边，举着故人的遗像，面朝大海，就像年轻时一样，依然是这7个人，依然是这片海，没有丝毫物是人非的感伤，只有梦想实现后的豪情万丈。如此艰辛的行程，在广告文案中，充满着诗意和激情。

图7-6 大众银行系列广告《不平凡的平凡大众》之“梦骑士”（优酷网视频截图）

“梦骑士”文案：

人为什么活着

为了思念　为了活下去　为了活更长

还是为了离开

“去骑摩托车吧！”

5个台湾人，平均年龄81岁

1个重听，1个得了癌症，3个有心脏病

每一个都有退化性关节炎

6个月的准备，环岛13天

1139公里

从北到南，从黑夜到白天

只为了一个简单的理由

人，为什么要活着

梦

不平凡的平凡大众

广告的开头是一个关于人生的问题“人为什么活着”。带着这个问题，广告以激情和诗意传递出平凡大众的坚韧、勇气和豪情万丈。很多时候我们被感动，不是因为情节多么震撼，而是广告里的那些平凡的坚持。大众银行系列广告就是洞察了这一点，用身边人的故事把品牌理念一点点地渗透进受众心里，使受众在心灵上产生共鸣，拉近品牌与受众之间的距离。在这个情感消费时代，消费者购买商品所看重的已不是商品数量的多少、质量的好坏以及价钱的高低，而是一种感情上的满足、一种心理上的认同。大众银行的广告看起来没有任何促销活动或产品推介的成分，却与品牌理念有着完美的契合度，帮助银行与客户之间建立起超越业务本身的欣赏和信任，也让双方在价值观和理念上达到统一。

由此，我们可以看出：广告诉求是激发潜在的消费者针对产品进一步搜集信息，形成或改变对该产品的态度和认知的一种策略。广告中涉及产品的价格实惠、质量过硬、性能卓越等方面的诉求为理性诉求，理性诉求所强调的是产品的质量、性能、价格等给消费者带来的实际利益，特别是某一产品所特有的品质。而关于温暖亲情、感动人心、温馨浪漫、恐惧忧虑的情感体验的广告诉求为感性诉求。我们所知道的情感主张主要有幽默、欢乐、亲情、恐惧、地位、声望、性感、愤怒、担忧、嫉妒等。

补充资料：

其他比较优秀的理性诉求或感性诉求广告有华帝洗碗机广告《功夫之水》，EVEREADY电池广告《招财猫有九条命》，阿根廷止痛药Fabogesic广告《最心酸的分手》《搬家》，奔驰车身控制系统广告《鸡》，泰国CP香肠广告《真香》，可口可乐创意广告《边界线》，士力架系列广告，新加坡医疗计划广告《一生挚爱》等。

三、思考与练习

（1）什么是广告诉求？

（2）广告诉求方法从性质上可分为几类？

（3）简述广告诉求中感性诉求和理性诉求的主要区别。

第三节　影视广告创意与联想

影视广告有着转瞬即逝的信息传播特点，这就更加需要创作出新颖的故事内容和故事表达形式，也就需要我们做好影视广告的创意。创意是广告的灵魂，终极目的是让观众记住它，影视广告亦是如此。

创意的灵感从哪里来？沃尔特·D. 斯科特在《广告心理学》中指出，提高受众记忆的原则包括联想、重复、紧张度、和谐。当我们看到“重复”二字时，我们瞬间就想起了北京奥运会时的恒源祥广告。在长达一分钟的广告里，在固定的画面背景下，十二生肖图形不断变换着，同时，“恒源祥，北京奥运会赞助商”的旁白重复播报着。该广告将重复的广告表现方式运用到极致，但是，当多播几次后，这则广告却越发不受人喜欢，甚至令人厌烦。为什么呢？因为这种简单粗暴的表达方式已经无法满足观众的好奇心，观众感受不到审美的体验，广告也缺乏信息内涵。

需要“联想”的影视创意广告可以引发受众的好奇心，从而去关注广告。合理运用“联想”，有利于突出商品的特点，提升广告的表现力，深化广告的信息内涵。

“联想”的作用还在于帮助理解事物的特征、价值。好的影视广告在劝服受众时，还顾及受众的审美诉求。观众在欣赏广告的同时产生审美的愉悦感，以及智商和审美被肯定的成就感。“联想”可以增强广告的表现力，并丰富受众的审美体验。

在我们的印象中，洗碗是一件简单枯燥且让人厌烦的事，但华帝洗碗机的广告创意却把洗碗这件事审美化、深刻化、戏剧化。在这个广告里，广告创意将洗碗与功夫联系起来，将各种食物用具体活物来演绎，将水化作功夫之水，将残留在碗上的食物一点点地清理干净，层层清理，不留异味。整个广告给人以生动有趣的戏剧感。（图7–7）

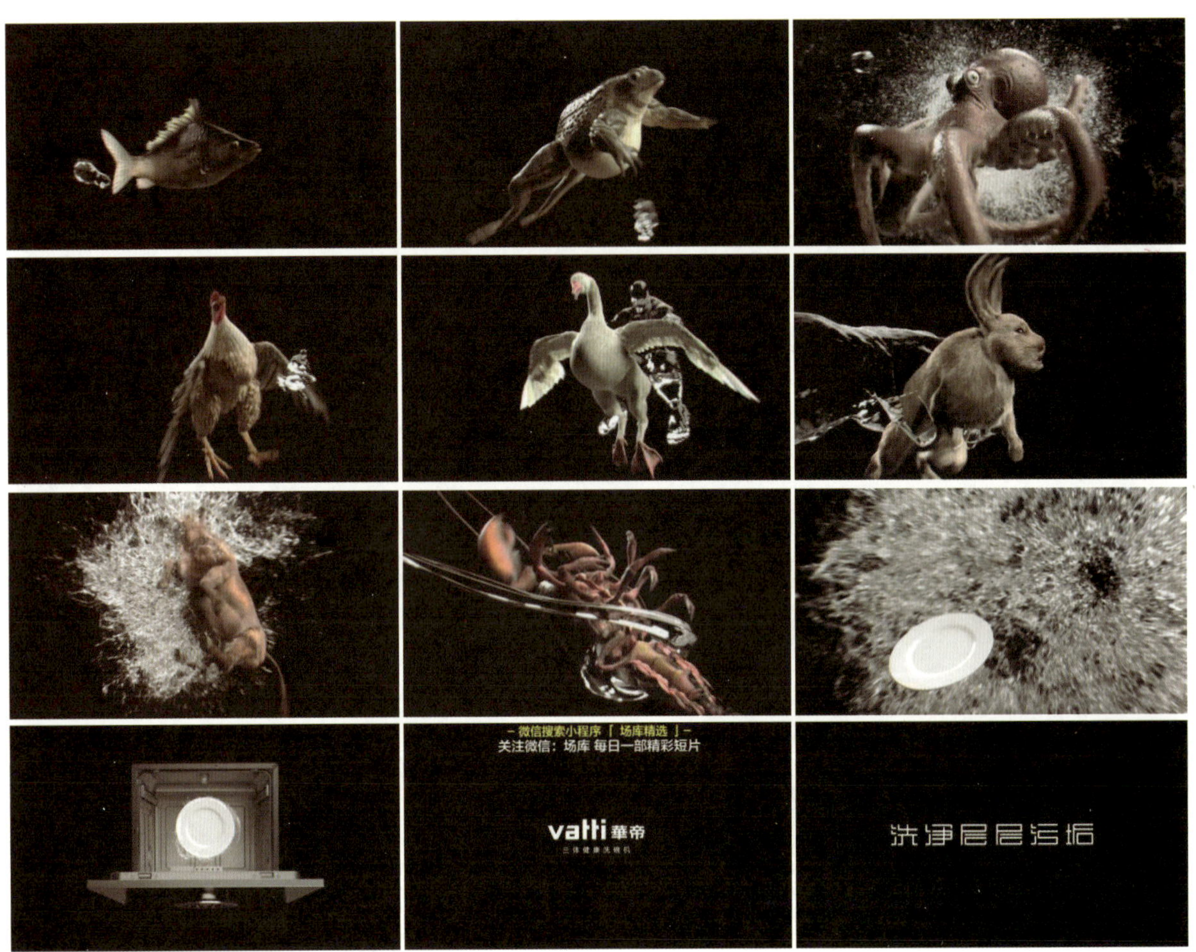

图7–7 华帝洗碗机广告《功夫之水》（场库网视频截图）

我们常见的影视广告创意联想方法有类似联想、对比联想、因果联想。

一、类似联想

许多时候我们会问“你看这个像什么”，这是一种简单的类似想象。在广告创意中，类似联想是指看到A事物的形象或属性想到B事物的心理活动。在广告创意中，广告创意人员利用这种心理活动提炼出广告创意；受众通过观看广告，联想并理解广告主题，由此感受广告内容和创意带来的惊奇和愉悦。这种类似联想的感觉富有重逢的戏剧性感受。

虽然有人会觉得类似联想过于简单，但它依然可以很好地帮助我们进行广告创意创作。当受众能通过类似联想理解广告主题，并感受到创意带来的惊奇、愉悦、恐惧时，类似联想广告创意的运用就是一种容易操作成功的表达方法。

大众汽车作为一个大家熟知的品牌，颇受消费者喜欢，大众旗下的多款汽车销量居于前列。甲壳虫汽车的影视广告描绘了这样一个情景：在一个阳光明媚的日子，阳光普照森林，许多甲虫有序排队向前缓慢地爬行着，这时一只背上有双竖线条纹的甲虫快速地超越了队伍，向前飞驰着，它跨过独木桥，巧妙地避开了蜈蚣，在粗糙的沙土和岩石上跳跃着，一路向前，哪怕是悬崖弯路，蚂蚁堵塞交通道路，也没能阻挡它前行。最后，它在一截树木上飞驰跃起，飞跃一段距离后，稳稳地落在一块岩石上。通过这个广告，我们可以很清晰地看到大众甲壳虫汽车广告就汽车的外形、驾驶性能等特性进行了非常细致的表现，广告突出了大众甲壳虫汽车外观类似于甲虫外形的流线型特征，可爱独特。广告也体现了汽车性能安全出色，整体操控轻盈灵巧，底盘对路面的响应积极，轮胎抓地力强，运动表现出色等特点。这是一个非常典型的类似联想的广告案例。（图7-8）

图7-8　大众甲壳虫汽车广告（优酷网视频截图）

同样，作为消费者所熟知和购买的汽车品牌，本田奥德赛汽车被许多家庭和公司选择。奥德赛汽车具有动力不错、外形时代感强、乘坐空间舒适等特点。该影视广告首先表现了两只巨兽在被毁的城市里因抢夺汽车等物品而打斗争抢，通过镜头切换，两名全副武装的战士入场，男女战士经过协商，决定采取分心战略，一人大声喊话，引起巨兽的注意，一人快速奔跑向前，来到一个分离装置前，然后，女战士快速拉动装置设施，城市街道立马分离开来。镜头再次切换到汽车里，两个正在争抢玩具的小孩被妈妈拉扯汽车座位而分离开来。 该广告十分形象地将孩子之间争抢玩具与巨兽争抢物品进行了类似联想，非常生动有趣地说明了奥德赛汽车的功能特点。（图7–9）

图7–9　本田奥德赛汽车广告（优酷网视频截图）

在日常生活中，我们经常会碰到各种各样看起来相似的物品，它们可能是由不同材料、色彩组成的具有相似形态的物品。我们也往往喜欢用“你看这个像不像……”来评说某个物品。而在广告中就有许多利用、类似联想的方式来创作广告，比如可口可乐弧形瓶诞生百年纪念广告*Together*、大众甲壳虫汽车广告、Staples购物网站广告《排练》、日本百乐笔广告《线条之美》、雪铁龙DS3汽车广告《双胞胎》等。可口可乐弧形瓶诞生百年纪念广告*Together*不仅有符号化的可乐瓶形象，还通过不断变化着的种族、服饰的人两手组合成可口可乐瓶子，暗示不同种族、政见者的宽容与和解，而画面中没有一个文字，这就是图像的力量。（图7–10）

在以上广告中，我们会发现，广告中注入相似的形式趣味，会使得广告更美、更酷，比如大众甲壳

图7-10　可口可乐弧形瓶诞生百年纪念广告*Together*（优酷网视频截图）

虫汽车广告、百乐笔广告《线条之美》。百乐笔广告《线条之美》以相似的流畅画面展示直线或曲线运动之美，来表达百乐笔的书写流畅之美。

二、对比联想

我们先来思考加拿大心脏病基金会的公益广告《生命最后十年你将怎样度过》，思考其采用的联想创意方式。（图7-11）

该广告首先提出一个问题“你人生的最后十年将怎样度过”。是和孙辈玩游戏、去拥抱一切事物？是参与有活力的家庭逗乐，还是坐在轮椅上被人喂牛奶？是在家自己打领带，还是卧于病床整理输液管？是整理手表，还是整理病人识别手环？广告最后指出大部分人将在疾病中度过人生的最后十年，呼吁大家“改变你的未来”，关注心脏病基金会。这是一个很典型的对比联想的影视广告。

接着我们来看日本WICCA手表创意广告《木村架纯的一天》，该广告从工作与就餐的不同状态、化妆装扮与准备应聘的不同心情、自我鼓励、应聘与约会过程等内容展开，整个广告的演绎都围绕着两件事情对比展开，其间多次展示广告商品，广告最后以遇见彩虹的美好画面结束。该广告与《生命最后十年你将怎样度过》一样，很直接地采用了左右分屏对比联想的创意方式来表达。（图7-12）

以上两则影视广告都采用了对比联想的手法来进行创意表达，通过分析广告，我们不难发现：对比

图7-11　加拿大心脏病基金会公益广告《生命最后十年你将怎样度过》（优酷网视频截图）

联想就是通过感知A事物，而引发出对B事物的联想。

每当我们听到“一饿就弱爆”“横扫饥饿，做回自己”，就知道是士力架的广告，士力架广告一向以“饿”作为广告诉求——“饿货，来条士力架吧！”无论广告内容怎么变化，人物怎么“变身”，士力架广告的大定位没变，还是聚焦在“饿”这一点上，只是饿的表现从“一饿就弱爆”变成了“一饿就急躁”，由此一开始选择著名的典型性人物所拍摄的“许仙篇”“林黛玉篇”“韩剧女主篇”“梦露篇”“姚明篇”“倪大红篇”，到后来选择张飞这一形象，都与饿了之后的人物形象转变相关。纵观士力架的广告就是典型的对比联想的创意表达，在广告内容上通过人物的“变身”进行对比。“变身”这一点，可以说是士力架广告最大的看点。士力架近些年的广告大多是这种风格，但是细细探究，会发现其中有两种玩法。其一，在诠释“横扫饥饿，做回自己”这一主题时，广告挑选的经典角色或名人分两类，一类是比较强的，另一类是比较弱的，广告创意要不就是由弱反转变强凸显主题，要么就是本来就强，一饿反转变弱凸显主题。比如“姚明篇”“林黛玉篇”“许仙篇”。（图7-13）其二，蹭影视剧热度。最近什么剧比较热门，士力架就抢占先机邀请剧中关注度高的演员来拍广告。并且，士力架还原了演员在剧中的角色特征，并将这些特征融入广告剧情中，制造反差，带给受众深刻的记忆度。比如“苏大强篇”和“华妃篇”。

台湾亲子教育公益广告“没用篇”很好地诠释了对比的作用。在这条广告里，黑白灰的画面中站

图7-12　日本WICCA手表创意广告《木村架纯的一天》（优酷网视频截图）

图7-13　士力架广告“许仙篇”（优酷网视频截图）

着两排人，每个人手上都拿着字牌，字牌组合出一句话：“什么都不能跟人家比，谁像你一样没有用啊”。紧接着，人群开始改变站位，大家有序地移动步子，将这十几个字调换位置，刚才的一句话变成了“没有谁能像你一样啊，不用什么都跟人家比”。在音乐声中，最后字幕出现：态度改变，孩子的人生也跟着改变。这条公益广告没有华丽的画面场景，没有明星阵容，没有悦耳的音乐和多余的台词，仅仅用对比联想的方式就将广告主题表达得清清楚楚。（图7-14）

图7-14　台湾亲子教育公益广告“没用篇”（优酷网视频截图）

说到影视广告，泰国广告是我们绕不过去的关注对象。美国《大西洋月刊》对泰国广告的创意水平赞不绝口。该杂志认为，泰国正悄悄成为广告市场的“全球领袖”，它的技巧就是“讲述催人泪下的故事”。虽然谷歌、可口可乐等跨国公司都制作了非常出色的广告，但泰国的广告产业“正向另一个层次进军”。香港《信报》称：“论催泪电视剧，首推韩国；但说到催泪广告，最厉害的一定是泰国。泰国广告的厉害之处是，幽默的能令人发出会心微笑，搞笑的能让人忍不住哈哈大笑，感人的能让人感动到不能自控的地步……”通过观看众多的泰国影视广告，我们会发觉其有两大秘密武器：一个是催泪瓦斯，另一个是开心果。要么伤感地哭出眼泪，要么无厘头的泰式幽默令人笑出眼泪。比如泰国保险广告就采用无厘头的搞笑风格进行故事讲述，以对比联想的手法进行选择比对，指出广告商品的靠谱、极速、实惠等特点。（图7-15）

在我们看到的许多汽车广告中，经常会有对比的表达方式。宝马汽车广告《奔驰CEO退休了》就用幽默的手法进行了广告的对比联想。2019年，作为全球著名豪华汽车集团的掌门人，66岁的迪特·蔡澈（Dieter Zetsche）将于股东大会后退休，卸任戴姆勒董事会主席、梅赛德斯-奔驰全球总裁职位。而在蔡澈退休卸任奔驰CEO这个值得纪念的日子里，宝马在Facebook、Youtube等社交媒体上发布了一段文字和视频，广告视频画面略带伤感：梅赛德斯-奔驰的首席执行官蔡澈在任的最后一天，在众多员工的掌声中，蔡澈取下了胸牌，和大家挥手道别，坐上了奔驰汽车，依依不舍地离开了奔驰总部；但当蔡澈回到家后，画风一转，他从自己的车库里开出了一台宝马i8汽车！“谢谢您，迪特·蔡澈，这么多年来激烈的竞争”，宝马这条广告不仅向老对手奔驰致敬，还用这样幽默且富有创意的情节让人微笑并记住产品。（图7-16）

图7-15　泰国保险广告（优酷网视频截图）

图7-16　宝马汽车广告《奔驰CEO退休了》（优酷网视频截图）

对比联想就是通过感知A事物，引发对与此事物完全相反的B事物的联想。在广告创意中，往往是由展现事物的坏而联想到广告产品或理念的好。对比联想广告喜欢把美好的事物毁灭给受众看，暗示受众应该更加珍视眼前的一切或改变现状。

三、因果联想

因果联想是联想的一种，其特点是由一种事物的经验联想到另一种与它有因果关系的事物。两种事物之间存在一定的因果关系，由一种原因会联想到另一种结果，或由事物的结果联想到它的原因等。光明牛奶曾有一则平面广告，广告的画面是这样的：在一间简陋的房间里，一面墙上钉着8个挂衣钩，最右侧的矮衣钩上挂着白雪公主的裙子，而左边的7个挂衣钩虽然是空的，但比白雪公主挂裙子的衣钩高出不少，广告的左下角放着一盒光明高钙奶。（图7-17）这则广告很显然借用了《白雪公主和七个小矮人》的故事，但故事的主人公们在这则广告中发生了一些变化，特别是七个小矮人不再矮小，他们竟比白雪公主高了，为什么会这样？因为他们喝了高钙奶。这是一个典型的因果联想的广告。

图7-17　光明高钙奶广告

通过这则广告，我们可以看出：因果联想中的因果关系并不简单，事物或事物的发展往往让受众产生一种情理之中、意料之外的惊喜感。创意广告中的因果逻辑往往会超出我们的生活经验，因此产生的戏剧性效果能带来广告欣赏的快感。

接下来通过几则影视广告，分析其因果联想的逻辑。先来看多芬男士护理洗发水广告，大家一定对洗发水广告中女主角飘逸、柔顺、如丝般顺滑的头发记忆犹新。洗发水品牌多芬在这则有趣的广告中展示了如果一名男子使用女性洗发水便会出现的“噩梦”——拥有一头超级柔顺的长发。这则具有讽刺、幽默意味的广告是多芬洗发水推广男士专用护理系列产品所拍摄的。广告中的男主角名叫蒂亚戈，他坐在办公桌前，身着衬衫打着领带。同事叫他，看到他一头闪亮柔顺的长发时，一脸迷茫。“你对你的头发做了什么？”这个同事问道，并接着说：“你的头发有种女士洗发水广告里的效果。”在对话中，广告多次展示了蒂亚戈头发飘逸的状态。蒂亚戈对同事的问题表示不屑，但这个同事判断蒂亚戈使用的洗发水有问题。蒂亚戈随后确实发觉自己使用的是女士洗发水，最后，蒂亚戈冲进超市，抢购并使用了多芬男士专用洗发水，便立即变为一身帅气的造型。多芬这则广告的用意是告知男士要购买其生产的男性专用洗发水，不要使用女士的，否则发质会变得和女士一样，实际男女两款洗发水都起到了广告作用。这则广告建立了一种前后的逻辑关系：蒂亚戈的发质为什么会那样？造成这个后果的原因是什么？怎么改变现状？这就是很典型的因果逻辑。（图7-18）

在日常生活中，我们常说“技巧需要训练”，但大众POLO汽车广告却让我们看到有时候勤于练习也不一定能成功，好的装备和设备也是具有决定性作用的。大众POLO汽车广告《车技差？那是你没拥有全新POLO》将这种因果逻辑从儿童到成人进行了演绎。画面从儿童时期骑三轮踏板车开始，到驾驶自制木汽车，骑自行车、电瓶车等，这一系列的骑行与成长都伴随着跌倒与受伤。但男孩成年后，父亲给了

图7-18 多芬男士护理洗发水广告（优酷网视频截图）

他一辆全新POLO汽车，父亲坐在副驾驶位上紧张不安，担心自己的孩子会再次出错，确实与以前一样，男孩差一点造成了事故，还好全新POLO的车载技术救了他和行人。这时，父亲总算露出了笑容。（图7-19）

许多时候，因为家里空间不够，我们不得不把一些物品舍弃掉。如果善于整理归纳，或者有比较好的家具，便于进行收纳，或许我们就不用丢弃一些心爱之物。宜家家具广告《为爱 留好空间》之“说再见篇”就从人的情感出发，讲述了人与心爱之物分离的苦楚，告诉大家有了宜家的收纳柜和收纳盒，我们就不必跟心爱之物分别。这则广告的两个人物（小女孩、女青年）因为家里没宜家的收纳家具（没了空间），所以玩具、包包不得不被丢弃或送人。两人面临着与心爱之物分手的痛苦，最后在宜家家具的帮助下，保留了自己的心爱之物。这是一个以结果进行对比的因果联想广告。（图7-20）

有些广告故事将因果关系复杂化，把受众带入广告创意的迷宫。但破解创意密码的过程，会使你收获满足感，进而对广告主题印象深刻。如奔驰A级汽车广告《让你话语成真》中，男主人公为何可以随意改变目前正在发生的事，“随心所欲地让球进洞、让钞票飞舞、让罚单飞走、让电梯救援立刻赶到、让美声演唱变RAP”？因为奔驰A级汽车让你话语成真。这就是一个典型的因果联想广告。

图7-19　大众POLO汽车广告《车技差？那是你没拥有全新POLO》（优酷网视频截图）

图7-20　宜家家具广告《为爱　留好空间》之“说再见篇”（优酷网视频截图）

四、思考与练习

（1）什么是广告创意？

（2）广告创意具有哪些本质特征？

第四节 影视广告的文案与声音创意

一、影视广告的文案

我们知道广告是说服的艺术，说什么很重要，怎么说更重要。英国的Purplefeather作为媒体代写公司，曾经推出Purplefeather广告“乞丐篇”，这是一部感人的创意广告。广告采用类似于纪录片的拍摄方式，让观众在体会小事情带来的大震撼的同时了解“语言的艺术”对生活的重要性——改变语言，就能改变世界。 整则广告以一个盲人乞讨者的故事为背景，盲人乞讨者身旁放着一张破旧纸板，直白地写着“我是一个盲人，请帮助我”，路人虽多，但始终没有多少人伸出援手。直到一位女士经过，她停下来并修改了纸板上的话语，随后过路人便纷纷俯身，伸出援助之手，这让盲人大感惊讶。原来纸板上的字被女士改成了“这真是美好的一天，而我却看不见”，简单的话语却将盲人的无助心境形象地表达了出来。也正是一句话的改变，让盲人受到众人关心。从这里可见，语言的艺术对于我们的生活是多么重要。在广告最后，Purplefeather将所要表达的主题思想——“改变你的文字，改变你的世界”呈现出来。由此可以看出广告文案的重要性。（图7-21）

图7-21 Purplefeather广告“乞丐”篇（优酷网视频截图）

在我们的生活中也有许多例子，特别是在公园等地方，植被旁经常会有劝诫语，如“青青花草，请勿践踏”“小草青青，脚下留情”“手边留情花似锦，脚下留情草成荫”。这些都是广告文案，但它们的作用却有着较大的差异。（图7-22）

（一）广告文案的定义

广告文案是以语词进行广告信息内容表现的形式。广义的广告文案是指通过广告语言、形象和其他因素，对既定的广告主题、广告创意所进行的具体表现。广义的广告文案包括标题、正文、口号的撰写和广告形象的选择搭配。狭义的广告文案是指表现广告信息的言语与文字构成。狭义的广告文案包括标题、正文、广告标语的撰写。在我们日常生活中，有没有哪句广告标语戳中你柔软的内心，从而使你被吸引、被诱惑呢？比如怡宝纯净水的广告标语“你我的怡宝”一下子就拉近了消费者与产品的距离，让许多人喜欢上了怡宝纯净水。（图7-23）

不同于文学创作，广告文案要紧跟广告定位和广告诉求，关注广告受众的知识水平。如山东蓝翔技校的“挖掘机技术哪家强，中国山东找蓝翔”、猪饲料的“猪吃四月肥”、公益广告的“没有买卖，就没有杀害”。许多酒类广告通过广告文案将酒类广告文艺化，将物质的物性转化为精神属性，如红星二锅头酒的系列广告文案创作。（图7-24）

对此，我们可以看到，文案要匹配受众的审美，要符合时代发展的需求，合适的才是好的。

可口可乐是我们常见的饮料品牌，创始于1886年，从那之后，世界各地都可以看到它的身影。随着时代的变化，可口可乐的广告标语也在不断地变化着，以适应时代的变化和产品的定位。

1886—1895年：治疗头疼的权威产品、理性健脑剂

1917年：一天有三百万销量

1926年：口渴与清凉之间的最近距离——可口可乐

1940年：最易解你渴

1946年：Yes

1948年：哪里好客，哪里就有可乐

1975年：俯瞰美国，看我们得到什么

图7-22　环保公益宣传广告牌

图7-23　怡宝饮用纯净水超市海报

图7-24　红星二锅头酒系列广告文案

1980年：一杯可乐，一个微笑

1982年：这就是可口可乐

1989年：挡不住的感觉

2007年：要爽由自己

2013年：Open Happiness（开启快乐，畅爽开怀）

2016年：Taste the Feeling（这感觉够爽）

从2013年夏天开始，可口可乐不断地对瓶身进行文案的创意营销，创造了昵称瓶、歌词瓶、台词瓶，让每一瓶可口可乐都具有社交功能，用来表达情意，激发消费者的分享和传播意愿。（图7-25）

图7-25
可口可乐昵称瓶、歌词瓶、台词瓶

（二）影视广告文案

广义的广告文案包括标题、正文、口号的撰写和广告形象的选择搭配，狭义的广告文案包括标题、正文、广告标语的撰写。影视广告设计中的文案一般包括标题、正文、广告标语。

如大众银行系列广告《不平凡的平凡大众》之“梦骑士”的广告文案包括标题“梦骑士”，广告主题“梦”，正文（旁白）：

人为什么活着
为了思念　为了活下去 为了活更长
还是为了离开
“去骑摩托车吧！”
5个台湾人，平均年龄81岁
1个重听，1个得了癌症，3个有心脏病
每一个都有退化性关节炎
6个月的准备，环岛13天
1139公里
从北到南，从黑夜到白天
只为了一个简单的理由
人，为什么要活着
梦
不平凡的平凡大众

对比平面广告文案，影视广告文案更具有内涵的拓展性，广告表达更丰富，文案充实了故事的外延性，使影视作品的情绪更具感染力。（图7-26）

图7-26　大众银行系列广告《不平凡的平凡大众》之“梦骑士”（优酷网视频截图）

（三）广告文案在广告传播中的作用

1. 传达广告诉求

在广告中，广告文案通过字幕或旁白、独白、对白等方式向受众传达商品或服务的功能特点和卖点，使受众对商品或服务产生认识、增强记忆、增进了解，进而产生购买行为。

福特汽车超级碗广告《打破困境》中，文案很好地表达了广告诉求。广告首先通过各种遇困情景表现人和动物在遭受困难时的无助，之后画风转变，广告文案以字幕和旁白的形式出现：没人愿意被困住，所以福特不断更新迭代，帮助您在生活中不断前行，更快、更简单、更完美；现在以及未来，我们伴您大步向前。福特汽车广告文案的逻辑是：被困—没人愿意被困住—福特愿意帮助您不断前行—进无

图7-27　福特汽车超级碗广告《打破困境》（优酷网视频截图）

止境。（图7-27）

2. 表现广告创意

尽管受众对文字的记忆度高于图像，但在图像爆炸的视觉文化背景下，人们对图像的关注度更高，文案成为创意的注解和延伸，使得广告创意更有力量。如比利时公交车动画广告，整个系列广告强调戏剧性、动感、滑稽情节的画面表达，最后出现“一起出游，更聪明，搭个公交”的文案。趣味性十足的系列广告生动地告诉人们为何要坐公交车，以及一起坐公交车的好处。最后的文案是对前面故事内容的优秀注解，文案表达了广告的创意。（图7-28）

3. 塑造商品、服务或企业的形象

影视广告通过视听艺术传达广告诉求、广告创意和主题。作为“视”的一种表达形式，广告文案通过语音和文字赋予产品有别于其他广告作品的独特形象。如大众银行广告先通过文案设问：“人为什么

图7-28　比利时公交车影视广告（优酷网视频截图）

活着？”，接着以真实故事，辅以动人的文案，讲述了5位老人为了追“梦”而不懈努力，最终达成心愿，表达了“梦”与“不平凡的平凡大众”的广告主题。Groovetech空气刀广告通过剧情和文案生动幽默地表达产品形象。比如其中一个篇章，在一个美丽江景的夜晚，男女主人公偎依在一起说着甜蜜的话语，转眼间女主人公提出分手，男主人公爽快答应，两人没有丝毫的迟疑和不舍。其文案如下：

女：好美哦！

男：没有你美。

女：你爱我吗？

男：爱！

女：我们分手吧！

男：好。

女：你手机没拿。

男：谢谢，谢谢。

旁白：分开，就像Groovetech刀刀不沾，干净利落。

广告表现出Groovetech刀具“刀刀不沾，干净利落”的产品形象特性。（图7-29）

图7-29　Groovetech刀具广告《利落分手不粘连》（优酷网视频截图）

曾经火遍全国的聚美优品广告，通过励志广告《陈欧：为自己代言》，为品牌塑造了良好形象，其广告文案为“你只闻到我的香水，却没看到我的汗水；你有你的规则，我有我的选择；你否定我的现在，我决定我的未来；你嘲笑我一无所有不配去爱，我可怜你总是等待；你可以轻视我们的年轻，我们会证明这是谁的时代。梦想，是注定孤独的旅行，路上少不了质疑和嘲笑，但，那又怎样？哪怕遍体鳞伤，也要活得漂亮。我是陈欧，我为自己代言”。而New Balance与李宗盛共同创作的《致匠心》以走情怀的方式抒发了老一辈人的匠心情怀。（图7-30）其文案如下：

人生很多事急不得，你得等它自己熟。我二十出头入行，三十年写了不到三百首歌，当然算是量少的。我想一个人有多少天分，跟出什么样的作品，并无太大的关联。天分我还是有的，我有能耐住性子的天分。人不能孤独地活着，之所以有作品，是为了沟通。透过作品去告诉别人：心里的想法、眼中看到世界的样子、所在意的、所珍惜的。所以，作品就是自己。所有精工制作的物件，最珍贵、最不能替代的，就只有一个字——“人”。人有情怀、有信念、有态度。所以，没有理所当然。就是要在各种变数、可能之中，仍然做到最好。

世界再嘈杂，匠人的内心，绝对必须是安静、安定的。面对大自然赠予的素材，我得先成就它，它才有可能成就我。我知道手艺人往往意味着固执、缓慢、少量、劳作。但是，这些背后所隐含的是专注、技艺、对完美的追求。所以我们宁愿这样，也必须这样，也一直这样。

为什么？我们要保留我们最珍贵的、最引以为傲的。一辈子总是还得让一些善意执念推着往前，我们因此能愿意去听从内心的安排。专注做点东西，至少能对得起光阴、岁月。其他的就留给时间去说吧。

图7-30 New Balance与李宗盛创作的《致匠心》（优酷网视频截图）

拓展知识：

一条五分钟的宣传片，文案大概控制在多少字比较合适，不觉得太啰唆又能完美地达到客户目的？答案为800字。

其他具有优秀文案的影视广告作品有支付宝十周年广告《账单日记》、大众银行的系列广告、SK-II的《改写命运》、999的《健康本该如此》、沃尔沃汽车的《瑞典精神》、京东财富小金库的《你不必成功》、江小白酒业的《我是江小白，我就是我》等。

二、影视广告的声音

影视广告的声音主要包括人声、音乐、音响等。

人声：人物语言。音乐：经过加工的，要通过演奏、演唱才能形成的声音。音响：除人声、音乐外，在影视时空关系中所出现的自然界和人造环境中所有声音的统称。

（一）人声

人声包括对白、旁白、独白、解说词。

人声的主要作用：①配合影像，推动叙事；②表现人物的心境和情感；③塑造人物性格。人声可以直接表达作者观点和作品主题，这种情况主要是指旁白。广告中的人声主要是配合影像，推动叙事，或通过表现人物的心境和情感，塑造品牌形象。

许多广告将声音转换为品牌“专属”的声音“符号”，南方黑芝麻糊将经典的“黑芝麻糊诶”的贩卖吆喝声转化为“专属”的声音“符号”，使观众一听就知道是南方黑芝麻糊的广告。（图7-31）

图7-31 南方黑芝麻糊广告（优酷网视频截图）

（二）音乐

影视音乐的再现方式：有声源音乐与无声源音乐，器乐与声乐。广告音乐从声源上分为声乐与器乐。有声源音乐指影片中某种乐器发出音乐的音源，它在表现角色的同时，能揭示其心理，制造逼真的现场感。无声源音乐指画面没有出现相应的发音源，它起烘托气氛或抒发情感的作用。

音乐成为“药丸上的糖衣”，吸引力是广告音乐的一大特征。音乐的主要作用：一是能为影片的局部或整体创造一种特定的氛围基调（包括时间和空间的特征），从而深化视觉效果，增强画面的感染力；二是表达情感，渲染情绪氛围；三是声画组接，推动情节发展。在影视广告作品中，背景音乐能渲染广告的情调或气氛。音乐的诱导功能迅速唤起消费者的情绪，并使其产生强烈的情感共鸣，因此成为“情感的催化剂”。

图7-32　起亚汽车广告*The Truth*（优酷网视频截图）

起亚汽车广告*The Truth*以歌剧《图兰朵》中的咏叹调《今夜无人入眠》作为驾驶员的歌唱乐曲，将情节推向高潮，加上彪悍的电影演员进行演唱，使广告具有戏剧张力。（图7-32）

其他比较优秀的运用音乐表达的广告有：“瓶男组合”用百事可乐瓶子演奏*Young Girls*；2016年本田汽车超级碗广告中羊群演唱皇后乐队的*Somebody to Love*；芝华士酒广告的歌曲*When You Know*成为全球较好听的广告歌曲之一。

电子音乐因有现代感的声音特质、魔性的节奏感和丰富的变化而备受广告创作者的喜欢。如神州买买车广告《神州买买车》、百威啤酒广告《电音狂想》。

（三）音响

音响主要分为动作音响、自然音响、背景音响、机械音响、特殊音响等。

音响的主要作用：增强环境的真实性，渲染画面的氛围，表现人物的心境。

曾获得戛纳国际广告节金狮奖的《梅花五福丸》之“棒球篇”在声音表达上非常具有特色。整则广告仅仅表现了几位老太太进行棒球运动的过程，视频没有背景音乐也没有对白，只有棒球的击打声和老人们的吆喝声，非常具有特色。（图7-33）

图7-33　广告《梅花五福丸》之“棒球篇”（优酷网视频截图）

《梅花五福丸》之“棒球篇”以单纯的人声与环境音响声，使广告更加生活化、场景化，并有偷拍的错觉。凸显现场感的表达方式，使得广告更具有真实性。

在沃尔沃卡车广告《多一立方米的空间》中，该广告采用与《梅花五福丸》之“棒球篇”相似的表达方式，影片同样没有背景音乐和人的对白，只有人群跳车落地时鞋子与地面产生的摩擦声。与此同时，视频右下角的粗体大字醒目地显示着跳下来的人数，数字最终停留在“39”。视频没有交代卡车驾驶室的构造，没有展示细节，没有美化材料，只是让观众静静地观看不断跳下来的人，人数在不断增加。单纯人的动作和动作声（音响），昏暗的光线，使广告更有神秘感、戏剧感。不断上升的数字，表现了驾驶室“很能装”。广告展示沃尔沃卡车驾驶室的空间优势，宣传了产品的优点。（图7-34）

凯迪拉克汽车广告《亲情交响曲》讲述了小男孩Sam的外公卧病在医院进行治疗的痛苦状态，这一切被Sam看在眼里，他决定进行一场唤起外公美好记忆与感受的生活之旅。Sam和好友及家人以各种道具，通过声音模拟的表达方式演绎了一家人驾驶凯迪拉克汽车去海滩欣赏夕阳的过程。广告强化了汽车

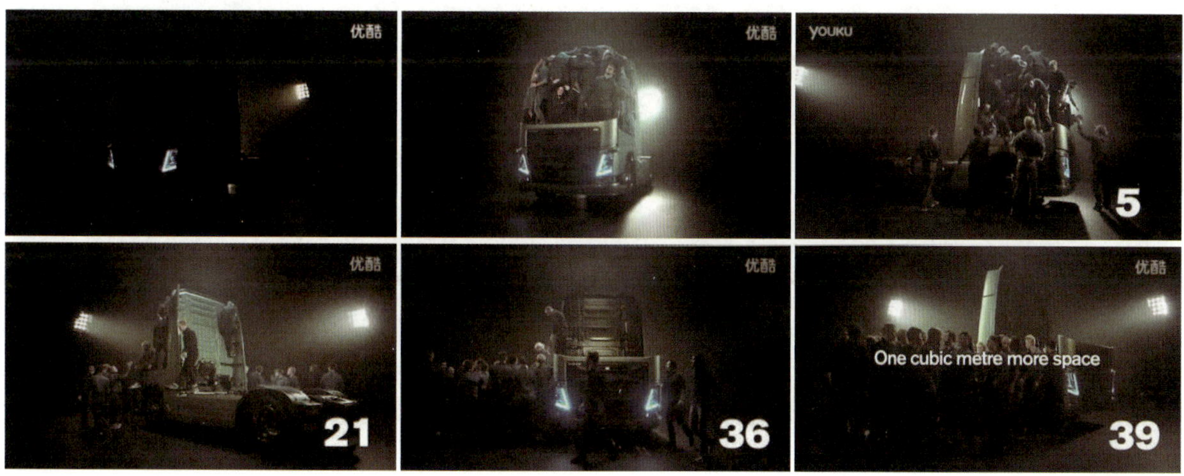

图7-34　沃尔沃卡车广告《多一立方米的空间》（优酷网视频截图）

与外面环境所产生的各种声音，以此塑造品牌印象和温暖亲情。（图7-35）

图7-35　凯迪拉克汽车广告《亲情交响曲》（优酷网视频截图）

图7-36　华为品牌广告*Dream It Possible*（优酷网视频截图）

声音不只是一种辅助工具，声音或音乐有时还会成为广告的符号塑造者，成为广告的外在符号或象征。如英特尔的开机声音、南方黑芝麻糊的吆喝声、五粮液五粮春的背景音乐。如华为品牌广告的主题曲*Dream It Possible*，故事讲述了一个叫安娜的女孩追求钢琴梦想长达15年的成长历程，影射华为的成长和奋斗历程。华为用音乐和故事来诠释企业文化，同时收到了良好的市场反馈。（图7-36）

三、思考与练习

（1）影视广告文案有哪些种类？

（2）广告文案有什么作用？

（3）影视广告声音主要有哪些？

（4）影视广告中音乐的主要作用是什么？

（5）为什么说音乐都是广告主为了拉拢消费者而送上的“糖衣炮弹”？

第五节　微电影广告

微电影广告是广告的一种传播形式，是为了宣传某个特定的产品或品牌而拍摄的，有情节，时长一般为3～30分钟，以电影为表现手法。它的本质依旧是广告，具有商业性与目的性。

一、微电影广告的发展

从2010年开始，充满草根气质的微电影广告营销开始登堂入室，成为广告营销市场的新宠：2009年底微电影《老男孩》在网络上一炮而红，背后是雪佛兰的冠名；姜文执导的《看球记》与佳能合作；吴彦祖主演的《一触即发》和莫文蔚主演的《66号公路》，则是凯迪拉克的定制作品。在传统广告市场竞争日益激烈的行情下，微电影广告凭借强大的互联网传播平台和更为优越的表现形式，成为业界备受关注的广告营销新阵地。目前主流的微电影广告主要有两大来源。一类是由视频网站、门户网站组织筹划，召集创作人员拍摄作品，同时寻求广告品牌的合作，这些微电影通常成本较低，制作人员来自民间力量和非专业人士，如《11度青春》。另一类则是由广告主直接发起，按照自身需求量身定制，这一类广告通常由著名导演、演员担纲，阵容和手笔相对更强大，如凯迪拉克的《一触即发》。2001年，宝马邀请当时国际上影响力较大的八位导演拍摄微电影广告，其中的《明星》由盖・里奇执导，克里夫・欧文和麦当娜演绎，其剧情、镜头语言、音乐、节奏感均符合今天优秀微电影广告的标准。

二、微电影广告的创意特征

微电影广告往往省去传统电影叙事情节中的开端和发展，着重强调故事的高潮部分，淡化次要情节，将观众最感兴趣的部分放大，以达到在情绪上与观众快速地产生共鸣的效果。另外，在进行影视广告创意时，规则和模式往往是用来打破的，比如在同一主题中一则广告包含几个相对独立的故事，或用系列广告串联起一部完整的微电影。

微电影广告创意的典型特点主要体现如下：

A. 引人入胜的脚本设计；

B. 夸张的戏剧冲突；

C. 跌宕起伏的情节、令人愉悦的幽默感或触动内心的感动；

D. 出人意料地点明与产品或理念的关系。

纽约广告节金奖广告作品 CANAL+的《相信编剧的力量》，其一系列匪夷所思的巧合，就非常符合微电影广告的创意典型特点。（图7-37）

图7-37　纽约广告节金奖广告作品 CANAL+的《相信编剧的力量》（优酷网视频截图）

可以说，微电影广告的创作形式源于电影，但它的结构、形态、风格以及讲故事的方法，层出不穷，既可以灵活运用电影的表达手法，又可以借鉴其他艺术门类，微电影广告有着广阔的创意空间。

泰国VIZER广告《乞丐的报恩》，采用蒙太奇叙事的表现手法，表现了一个乞丐借宿于一家店门口，却被店主羞辱，最后因保护门店而被歹徒刺死的故事，店主通过观看摄像头记录的影像才知道乞丐的为人。该广告整体上采用蒙太奇叙事手法，而前后内容又用对比蒙太奇的方式表现摄像头记录下的影像事实，其结果出人意料，使剧情出现戏剧性的反转，体现了产品的特征。该微电影广告也具备微电影广告创意的典型特点：引人入胜的脚本设计，夸张的戏剧冲突（店主与乞丐、乞丐与盗贼等），触动内心的感动（卑微小人物的善意、感恩与勇气），出人意料地点明与产品或理念的关系（店主通过摄像头知道事情的真相）。（图7-38）

图7-38　泰国VIZER广告《乞丐的报恩》（优酷网视频截图）

泰国微电影广告有两大秘密武器，一个是催泪瓦斯，另一个是开心果。要么哭出泪，要么笑出泪（无厘头的泰式幽默）。饮料100Plus的微电影广告《受伤的心》就将这种无厘头的泰式幽默表现得淋漓尽致。（图7-39）

图7-39 饮料100Plus的微电影广告《受伤的心》（优酷网视频截图）

亚洲优秀的微电影广告案例中，除了泰国，还有中国台湾的微电影广告，其创意广告产业起步较早。因为语言相通、文化相通、审美趋同，所以我们容易读懂其微电影广告中的情感诉求。比如我们所熟悉的大众银行系列广告（“梦骑士篇”“马校长的合唱团”“母亲的勇气”）、PAYEASY系列广告、统一企业系列广告“小时光面馆”。

“小时光面馆”是统一企业推出的微电影广告，以亲情、友情、爱情为主线，将情感融入一碗面中，又将料理与人生结合。平凡的食物因为触碰到每一个不平凡的心灵而变得饱满鲜活。该系列广告获得了2016年戛纳国际广告节娱乐金狮奖与亚洲创意节（Spikes Asia）年度大奖。该系列广告以微电影的方式述说了10个心情故事和创意料理，用一碗面串起每个前来小时光面馆的客人的故事，主打温情和怀旧路线。统一企业希望借此传递一个品牌观念：用心做好每一份面，以心情调味。这种“以心情调味”的创意料理，也是“小时光面馆”系列广告的点睛之笔。创意团队借此颠覆方便面以往给人们的“不健康”“方便”“即食”等几大固有印象，将速食与精致料理联系起来，改变品牌形象。这一系列广告的每个小故事都饱含深情，从家常的肉臊面到创意的“栗子蛋糕”，每一道料理都被赋予一种心情含义，在敲击观众心灵的同时，以情感为切入点，让消费者与品牌产生共鸣。（图7-40）

图7-40 统一企业“小时光面馆”微电影广告《英雄不流泪》（优酷网视频截图）

三、思考与练习

（1）微电影广告的典型特点有哪些？

（2）微电影的叙事方式是不是偏离了传统电影的轨道？

表7-1 学习评价

评价内容	评价标准	评价结果（是/否）	分值	得分
学习认知	影视广告的创意要旨		5	
	影视广告诉求中感性诉求和理性诉求的主要表达手法		5	
	影视广告创意联想的方法		10	
	影视广告设计中的文案写作		10	
	影视广告中声音的设计方法		10	
效果评测	对影视广告设计作品中创意的理解		10	
	对影视广告设计作品中广告诉求的理解		10	
	对影视广告设计作品中文案的分析、理解		10	
实践应用	影视广告创意的实践运用		10	
	影视广告文案及声音设计的实践运用		10	
	影视广告中广告诉求的准确表达与实践运用		10	
合计				

注：评价结果“是”为满分，评价结果“否”为0分，总分值为100分。

综合实训

实训名称：影视广告作品创作。

实训目的：通过完成完整的影视广告创意作品，掌握影视广告创意联想、广告诉求表达、广告文案写作、广告声音设计的综合运用能力，具备完整的从创意到摄制的执行能力。

实训步骤：选定一则商业广告或公益广告进行影视广告创作。首先思考广告的主题、广告标语，思考广告的诉求，进行广告创意剧本、文案的写作；其次思考广告创意联想的表达方式，进行广告声音的设计，以及影视广告的画面设计、剪辑设计；最后进行作品的拍摄制作。

实训要求：完成的影视广告要体现创意特点，广告诉求清晰，广告标语简约明确，便于识记，文案流畅并抒情达意，声画关系和视听效果符合影视作品的表现规律，有感染力。（见表7-2）

表7-2 评分标准

评价内容	评价标准	评价结果（是/否）	分值	得分
主题	信息传达准确，能体现广告主的要求，体现作品的主题与产品诉求		10	
	广告内容科学、文明、具有时代气息		10	
创意	广告创意具有良好的视听效果，广告信息传达具有新奇性、趣味性		20	
	文案创意能紧扣主题，作品精练简洁、易念易记、感召力强、意境深远、亲和力强、原创性强等		20	
	广告的声音设计具有自身特色，声画关系符合广告创意诉求		15	
技术	能熟练利用所学软件设计并制作作品		15	
	表现手法丰富，能带给观众较好的视听感受		10	
合计				

注：评价结果“是”为满分，评价结果“否”为0分，总分值为100分。